SERES
con PODERES
MÁGICOS

SERES
CON **PODERES**
MÁGICOS

María José Hernández Varela

LIBSA

© 2026, Editorial LIBSA
C/ Puerto de Navacerrada, 88
28935 Móstoles (Madrid)
Tel.: (34) 91 657 25 80
e-mail: libsa@libsa.es
www.libsa.es

Textos: María José Hernández Varela
Imágenes: Shutterstock.com y archivo Libsa
Edición: María Mañeru
Maquetación: Roberto Menéndez González · Diseminando Diseño Editorial
Cubierta: Lucía Fernández Díez
ISBN: 978-84-662-4511-1

DL: 15024-2025

CONTENIDO

PRESENTACIÓN

Los seres con poderes mágicos han fascinado a la humanidad durante siglos, siendo un tema recurrente en mitologías y leyendas. Estas criaturas, que están dotadas de habilidades extraordinarias que desafían las leyes de la naturaleza, representan lo desconocido y lo misterioso, y su presencia en las historias ha servido para explorar los límites de lo posible y lo imposible. Sus poderes mágicos se asocian con una conexión especial con el mundo espiritual, la naturaleza o las fuerzas cósmicas. Y esta ha sido una constante a lo largo del tiempo. Ya la mitología griega ofrecía un amplio catálogo de dioses, semidioses, héroes y otras criaturas con habilidades mágicas que eran capaces de alterar el tiempo, el clima o la naturaleza misma. Se trataba de seres poderosos y complejos, con personalidades que reflejaban las virtudes y los defectos humanos. A través de ellos, los antiguos griegos exploraban temas trascendentales, como el destino, la moralidad y la interacción con la divinidad. También abundaban estos seres sobrenaturales en la mitología nórdica, en la que elfos, enanos y otros entes poseían habilidades mágicas para alterar la realidad, transformar la materia, cambiar de forma o predecir el futuro. Y, por supuesto, la magia ocupaba un lugar central en la tradición celta, presidida por los druidas, que eran figuras espirituales y sacerdotales que tenían el poder de comunicarse con los espíritus de la naturaleza y manipular las energías mágicas. Otros seres, como las hadas y los duendes, criaturas diminutas y etéreas, también formaban parte de ese mundo mágico y ostentaban poderes que podían tanto beneficiar como perjudicar a los seres humanos. En esta cultura, la naturaleza misma estaba cargada de poder, y la magia se hallaba presente en todos sus elementos: el aire, los ríos, los mares, los bosques y las montañas.

En la Edad Media y la Edad Moderna, la magia se encontraba más vinculada a prácticas rituales y esotéricas. Los alquimistas se consideraban poseedores de secretos antiguos y poderosos, capaces de transformar la materia y de acceder a conocimientos ocultos. Hechiceros, magos y brujas poseían habilidades que iban más allá de lo meramente físico: eran capaces de leer la mente, viajar en el tiempo, transformar objetos, y hasta invocar a seres sobrenaturales. Además de lanzar hechizos y encantamientos que formaban parte de ese mundo oculto y mágico donde el poder podía usarse tanto para sanar como para destruir, e incluso para influir sobre el destino de las personas. En estos contextos, la magia se relacionaba con el autoconocimiento, la superación personal, y la lucha interna contra las fuerzas oscuras que habitan en cada individuo.

Con el tiempo, todos estos seres poderosos y mágicos han encontrado su espacio en el mundo de la literatura, el cine y los videojuegos. Magos, hechiceros y criaturas mitológicas, como dragones y vampiros, forman parte de universos complejos en los que la magia es un medio para alcanzar objetivos heroicos, pero también un elemento que puede corromper a quienes la utilizan. En todos ellos se muestra a esas figuras dotadas del poder para manipular el mundo físico, y las enfrentan a dilemas éticos y morales, a luchas entre el bien y el mal, la luz y la oscuridad. En estas manifestaciones, la magia se convierte en una herramienta poderosa, pero también peligrosa, que debe ser utilizada con responsabilidad.

Más allá de la fantasía y la ficción, el concepto de seres con poderes mágicos también ha tenido un impacto profundo en la cultura popular, que utiliza el simbolismo de la magia como una forma de entender lo inexplicable y lo inexplicado. Tanto si pensamos que los seres con poderes mágicos son una manifestación de la imaginación humana, como si creemos en su existencia real, lo cierto es que son un fiel reflejo de los anhelos de poder y control que tenemos, y de nuestros miedos ante lo desconocido. A través de ellos se exploran temas universales, como la lucha entre el bien y el mal, el destino, el control sobre la naturaleza y los misterios del más allá, y su manifestación mágica continúa siendo un espejo de nuestra fascinación por lo imposible y lo sublime.

SERES DEL MUNDO MATERIAL

Desde los druidas celtas y los augures romanos hasta las perseguidas brujas medievales, pasando por magos, hechiceros y nigromantes, la humanidad siempre ha creído que algunos de sus congéneres eran seres extraordinarios, individuos dotados de poderes mágicos que trascienden lo ordinario. ¿Pero es eso cierto? A esta pregunta no se puede responder con un «sí» o un «no» rotundos, ya que en la actualidad todavía desconocemos muchas de las capacidades que puede desarrollar un ser humano a través de su propia energía interior, aunque también es cierto que en muchos otros casos han sido la ignorancia y la superstición las encargadas de crear falsos mitos sobre esos supuestos poderes. Lo que no se puede negar es que, a lo largo de la historia, esos seres con habilidades sobrenaturales han influido en eventos clave y han guiado el destino de muchas civilizaciones, pero siempre con el desafío de equilibrar su poder y su humanidad, conscientes de que la magia, aunque fascinante, puede llegar a ser tanto un regalo como una maldición.

DRUIDAS
Sabiduría ancestral

Simbología: guardianes del conocimiento

Atributos: tocados con formas de hojas o discos, y astas o cuernos

Poderes: predicción del futuro, comunicación con espíritus y elementos de la naturaleza

Llegados del mundo celta

Los druidas fueron una misteriosa clase sacerdotal de las antiguas culturas celtas a los que, además de llevar a cabo los rituales religiosos, se les consideraba guardianes del conocimiento profundo y la sabiduría, y sus poderes mágicos estaban vinculados a la naturaleza, los elementos y el cosmos. También eran los depositarios de la historia de la comunidad, transmitida entre generaciones a través de la tradición oral. Sus conexiones con el mundo espiritual y el terrenal les otorgaba habilidades para preparar pociones medicinales, interpretar los fenómenos naturales para predecir el futuro o alterar el destino, comunicarse con espíritus de la naturaleza para controlar el clima, invocar las fuerzas sobrenaturales y realizar rituales que mantenían el equilibrio entre los seres humanos y los dioses.

Dado el alto estatus social del que disfrutaban, parece que entre sus funciones también estaban las de asesorar a los gobernantes, impartir justicia y dirimir disputas, así como tomar juramento de lealtad a los nuevos guerreros. Precisamente, para evidenciar con mayor contundencia su posición social y su independencia, solían vestir de modo diferente al del resto de la comunidad, habitualmente con túnicas largas de color blanco y tocados que reproducían la forma de hojas, discos o conos, a veces también con el añadido de cuernos o astas.

Los druidas fueron desapareciendo a medida que se iba produciendo la expansión del Imperio romano y, más tarde, también como consecuencia del inicio del cristianismo. De todos modos, aunque su conocimiento fue en gran parte transmitido oralmente y se perdió con el tiempo, estos seres de misterio y poder continúan conservando su halo de misticismo y fascinación, de figuras rodeadas de leyendas que los vinculan con el poder de la magia ancestral.

La magia druídica

Los druidas, como guardianes de los secretos de la naturaleza y el cosmos, poseían una profunda conexión con las fuerzas mágicas que gobernaban el mundo. Su magia no se basaba en simples hechizos, sino en un conocimiento profundo de las plantas, los ciclos naturales y las energías cósmicas que fluían a través de todas las cosas. Mediante rituales complejos y técnicas de meditación, los druidas podían invocar la fuerza de la tierra, el viento, el agua y el fuego, equilibrando estos elementos para sanar, proteger o incluso desatar poderosos encantamientos.

Uno de sus poderes más conocidos era el de predecir el futuro. Para ello utilizaban herramientas como las runas, las estrellas y los ciclos de la naturaleza, que les servían para descifrar los signos y los presagios del destino. También se les atribuía el don de la curación, usando plantas y hierbas sagradas con las que elaboraban pociones y remedios que sanaban tanto el cuerpo como el alma. Además, podían comunicarse con los espíritus de la naturaleza y de los

EL MÁGICO HORÓSCOPO DE LOS DRUIDAS

Dada la importancia que los celtas concedían a los árboles, los druidas crearon un horóscopo protector integrado por 21 árboles, cada uno de los cuales simbolizaba una virtud. Cuatro de esos árboles correspondían a los dos solsticios y los dos equinoccios; el resto coincidía con las épocas de floración y fructificación, como símbolo de la permanente renovación de la vida.

A cada persona, según su fecha de nacimiento, le corresponde un árbol protector y una cualidad.

Roble: valentía
(21 marzo)

Abedul: inspiración
(24 junio)

Olivo: sabiduría
(23 septiembre)

Haya: creatividad
(22 diciembre)

ancestros, solicitando su guía o su protección en los momentos de necesidad. Se decía que algunos tenían el poder de transformar su aspecto y de invocar a sus animales espirituales para obtener sabiduría o poder. En los rituales más oscuros, podían manipular las energías maléficas o el caos, desafiando las leyes naturales para alcanzar objetivos trascendentales.

El culto a los árboles

Los árboles tenían un significado especial en la cultura celta, eran símbolos de vida y protección, y se creía que el poder de los dioses residía, de forma mística, en ellos. Los druidas, como intermediarios que se consideraban entre los seres humanos y los dioses, buscaban en esos árboles, especialmente en los robles, los signos mágicos que les podrían ayudar a desentrañar los designios de las deidades. Incluso se cree que algunos druidas vivían en los bosques sagrados durante ciertos periodos para empaparse del poder mágico de los árboles y aumentar sus poderes de clarividencia.

Consideraban que los árboles eran potentes fuentes de energía y que poseían tres planos que, en conjunto, formaban el nexo

La leyenda del muérdago

En la mitología nórdica se narra que Balder, dios de la luz y la verdad, fue herido de muerte por una flecha que contenía muérdago, la planta sagrada de los druidas. Su amada, al conocer la noticia, se sumió en un llanto desgarrador que conmovió al resto de los dioses. Decidieron devolverle la vida a Balder para que pudiese disfrutar eternamente de un amor tan profundo. En agradecimiento, este dictaminó que todas las parejas que se besasen debajo de una rama de muérdago perpetuarían su amor para siempre. Es una de las muchas historias entretejidas en torno a esta planta mágica y que parece ser el origen de la tradición navideña que ha llegado hasta nuestros días.

de unión entre lo divino y lo humano. El primer plano, integrado por el tronco, representaba el mundo material, ya que de esa parte se obtenía madera y frutos necesarios para la supervivencia en su época; el segundo plano, formado por las raíces, constituían el vínculo de conexión con el mundo de los sueños y con el inframundo, donde se suponía que residía la sabiduría ancestral, un mundo oculto que no se podía ver; por último, el tercer plano era el representado por la copa del árbol y las ramas que crecían hacia el cielo y que equivalían al plano divino de la conciencia, a un mundo superior conectado con los dioses.

El muérdago sagrado

Los druidas tenían un conocimiento profundo de las plantas y con ellas elaboraban remedios naturales para las dolencias más comunes. Una de sus plantas sagradas era el muérdago, siempre que creciera sobre un roble. Solo los druidas podían recogerlo, ya que se trataba de una planta mágica, que no pertenecía ni al cielo ni a la tierra, ya que sus raíces nunca tocaban el suelo, pues crecía siempre sobre las ramas de un árbol. El muérdago simbolizaba la paz, la vida y la fertilidad, y servía como amuleto protector del hogar y de las personas que habitaban en él, a las que preservaban de males físicos y de los efectos de hechizos mágicos.

Para recogerlo se organizaba una gran ceremonia en la que el druida debía vestir una túnica larga de color blanco y emplear una pequeña hoz de oro para cortarlo. El rito tenía lugar siempre por la noche y en las arboledas sagradas, y la época del año propicia era poco antes del solsticio de verano o de invierno, en el sexto día de la luna creciente, cuando esta aún no había alcanzado la mitad de su tamaño.

RESTO DE ÁRBOLES

Abeto: misterio
(2-11 enero/5-14 julio)

Olmo: mentalidad abierta
(12-24 enero/15-25 julio)

Ciprés: fidelidad
(25 enero-3 febrero
/26 julio-4 agosto)

Álamo: incertidumbre
(4-8 febrero/1-14 mayo/
5-13 agosto)

Cedro: confianza
(9-18 febrero/14-23 agosto)

Pino: estética (19-28
febrero/24 agosto
-2 septiembre)

Sauce llorón: melancolía
(1-10 marzo/2-12 septiembre)

Tilo: duda (11-20 marzo/
13-22 septiembre)

Avellano: inteligencia
(22-31 marzo/
24 septiembre-3 octubre)

Serbal: delicadeza
(1-10 abril/4-13 octubre)

Arce: originalidad
(11-20 abril/14-23 octubre)

Nogal: pasión (21-30 abril/
24 octubre-11 noviembre)

Castaño: honestidad (15-24
mayo/12-21 noviembre)

Fresno: ambición (25 mayo
-3 junio/22 noviembre-
1 diciembre)

Carpe: buen gusto
(4-13 junio/2-11 diciembre)

Higuera: sensibilidad
(14-23 junio/12-21 diciembre)

Manzano: amor (25 junio
-4 julio/23 diciembre-1 enero)

BRUJAS
Pactos diabólicos

· · · · · · · · · · · · · · · · · ·

Simbología: oscuridad, maldad

Atributos: varita, cuchillo ritual, caldero, escoba

Poderes: filtros y pociones, hechizos, cambios de aspecto, invisibilidad, magia negra

Los demonios como protagonistas

En un sentido tradicional, se denominan brujas a las mujeres que han hecho un pacto con los demonios y se han convertido en sus servidoras, para de ese modo adquirir una serie de poderes mágicos o sobrenaturales que les permiten influir en el destino de las personas, realizar hechizos, preparar filtros y pociones, y controlar las fuerzas de la naturaleza, siempre con fines egoístas, destructivos o malévolos, con la finalidad de causar un perjuicio o el deseo de buscar venganza, poder o inmortalidad, y con la capacidad de causar enfermedades, muertes o desgracias. Esta asociación de las brujas con la maldad, especialmente extendida en la Europa medieval y renacentista, llevó a que fueran vistas con temor y dieron origen a las tristemente famosas «cacerías de brujas», durante las cuales muchas mujeres (y también algunos hombres) fueron acusados de practicar la brujería y se les sometió a juicios y castigos brutales. Lo cierto es que, en la mayoría de los casos, se trataba simplemente de personas que se desviaban de las normas sociales establecidas y cuyas habilidades o conocimientos eran malinterpretados y temidos.

El concepto tradicional de bruja ha ido evolucionado con el tiempo y, en la actualidad, estas mujeres a menudo representan el poder femenino, el misterio y la transgresión de normas establecidas. También la brujería es vista de modo diferente, considerándola una práctica que explora las conexiones entre lo espiritual, lo natural y lo místico, y utilizándola como herramienta poderosa para comprender los misterios del universo y las fuerzas invisibles que lo rigen. Muchos la contemplan como una forma de espiritualidad alternativa y una práctica que fomenta el autoconocimiento y el equilibrio interior.

Los poderes mágicos de las brujas

Sus capacidades mágicas se vinculan con el control de las fuerzas naturales, el conocimiento oculto y la manipulación de energías místicas, que atraían, canalizaban y redirigían a fin de lograr un objetivo específico. Esta interacción energética, realizada en el plano astral o espiritual, las ayudaba en algunas de sus habilidades más conocidas, como era la de elaborar filtros y pociones mágicas, así como la de fabricar amuletos que tenían un propósito concreto, lanzar hechizos, encantamientos y maldiciones, que a menudo requerían la recitación de palabras de poder, el uso de objetos mágicos, de hierbas o símbolos, y el dominio de ciertos rituales para invocar energías específicas o cambiar la realidad. También era notable su capacidad para transformar su apariencia y metamorfosearse en otros seres o criaturas, especialmente en animales como gatos negros, búhos y lechuzas, liebres, machos cabríos, murciélagos o cuervos. Asimismo, otro de los poderes que se les atribuía era el de la invisibilidad, que les resultaba extraordinariamente útil.

A lo largo de la historia, las brujas han sido clasificadas de diferentes maneras según sus habilidades, conocimientos o la forma en que practican la magia. A continuación, se describen algunos de los tipos más comunes, aunque las categorías pueden variar según las creencias, la época y la cultura.

Chamánicas: son las que combinan la brujería tradicional con prácticas chamánicas. Están profundamente conectadas con los espíritus de la naturaleza, los ancestros y los animales. Su magia puede incluir viajes astrales, trance y comunicación con el mundo espiritual.

De las sombras: en esta categoría se incluyen las que usan la magia más oscura y misteriosa, que necesariamente es malintencionada. Estas brujas exploran los aspectos más ocultos del poder.

Como ya se ha mencionado, las brujas podían comunicarse con espíritus malignos, como demonios e incluso con Satán, y establecer pactos con ellos para disponer de una gran diversidad de poderes especiales que les permitían causar daño en la salud de personas y animales, adivinar el futuro, transportarse física o mentalmente a otros lugares y hasta controlar los elementos de la naturaleza para generar tempestades u otros fenómenos dañinos. Por supuesto, el disfrute de esos poderes no era gratuito, sino que exigía favores y servicios de las brujas a los entes malignos y una fidelidad de por vida, tanto en el plano físico como en el espiritual. Sin duda, un peligroso pacto sin posibilidad de retorno. Bautismos y fiestas satánicas, misas negras, invocación de espíritus destructivos, aojamientos o males de ojo, posesiones diabólicas... todo un amplio repertorio de prácticas oscuras y siniestras incluidas en la magia negra.

Las herramientas de las brujas

Para poner en práctica sus poderes, las brujas empleaban una serie de instrumentos que no eran mágicos en sí mismos, pero que las ayudaban a canalizar su energía. Sin duda, el más tradicional de todos ellos era la varita mágica, hecha generalmente de madera y adornada con una serie de símbolos, runas o con palabras misteriosas. También era necesario un cuchillo ritual, con el que realizaban los sacrificios y cortaban los ingredientes de sus filtros y pociones, y por supuesto, un caldero de hierro o cobre en el que elaborarlos. Y, sin duda, un utensilio tan clásico como los ya

¿Cómo eran y dónde vivían las brujas?

Aunque se ha especulado mucho sobre su aspecto físico, lo cierto es que no existe una única versión sobre ese tema. Algunos aseguran que tenían una apariencia terrorífica, eran viejas, encorvadas y feas, con nariz ganchuda, pelo largo y desgreñado, vestidas siempre de negro y ataviadas con sombrero picudo; por el contrario, otros dicen que eran mujeres jóvenes, de una belleza tan extraordinaria que podían seducir a cualquier hombre y llevarlo a la perdición. Lo cierto es que una versión no excluye a la otra, ya que uno de los poderes mágicos que se les atribuía era el de poder cambiar su aspecto a voluntad. Solían vivir solas y en lugares apartados y aislados para evitar llamar la atención.

mencionados era la escoba, sobre la que realizaban sus vuelos, tanto en el plano físico como en el astral. Por último, aunque no se trata propiamente de un instrumento, hay que mencionar el pentagrama esotérico o pentáculo, que era un símbolo en forma de estrella de cinco puntas con un círculo, que la bruja trazaba en el suelo durante los rituales, unos aseguran que para abrir las puertas al otro mundo y que los demonios pudieran materializarse, mientras que otros dicen que su función era proteger a la propia bruja de los espíritus malignos.

¿Brujas buenas y brujas malas?

Desde antiguo se ha hecho esa distinción, considerando brujas buenas a las que practicaban la magia blanca, es decir, las que utilizan sus poderes de manera benévola, para el bien de los demás, mientras que las brujas malas eran las que practicaban la magia negra, con fines egoístas, destructivos o malévolos. En la actualidad, la distinción entre ambas resulta más compleja, ya que, tanto unas como otras, lo que reflejan son unos aspectos básicos de la humanidad, como el deseo de poder, el miedo a lo desconocido y la relación que hay entre lo espiritual y lo natural. Además, hay que considerar también que la magia en sí misma es una herramienta neutral, que causa unos efectos u otros dependiendo de la intención del practicante.

De magia ritual: este tipo de brujas están influenciadas por tradiciones antiguas, como el hermetismo, la cábala o la magia ceremonial. Se enfocan en el uso de símbolos, palabras de poder y rituales establecidos para lograr objetivos específicos.

Astrológicas: sus acciones se enfocan en la influencia de los astros y los planetas. Utilizan aspectos de la astrología, como las fases de la Luna o las alineaciones planetarias, para elegir el momento adecuado para realizar potentes hechizos o rituales.

Elementales: estas brujas están profundamente conectadas con los cuatro elementos: tierra, aire, fuego y agua. Su magia se relaciona con el control o la manipulación de estos elementos.

Verdes: son brujas especializadas en la magia de las plantas, usando sus propiedades para preparar pociones, ungüentos y filtros especiales.

HECHICERAS
Temidas y respetadas

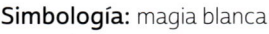

Simbología: magia blanca y curativa

Atributos: plantas y objetos muy variados para realizar su función

Poderes: sanación con plantas, filtros de amor, protección, adivinación

¿Diferentes a las brujas?

Con mucha frecuencia, los términos «hechicera» y «bruja» se emplean indistintamente, pero no significan lo mismo, sino que responden a dos actitudes diferentes frente a la magia, que fueron puestas especialmente de relieve durante la Edad Media y Moderna. Como ya hemos visto, la brujería implica, generalmente, pactos con entidades oscuras, malignas y demoníacas, de las que obtiene su poder, mientras que en la hechicería no existen dichos pactos. La magia de las hechiceras proviene del conocimiento y es herencia de los saberes antiguos, transmitidos por tradición oral de generación en generación.

Generalmente se trataba de mujeres que conocían muy bien las propiedades de las hierbas y las plantas medicinales, con las que hacían pócimas curativas, practicaban abortos o trataban heridas graves. También elaboraban amuletos protectores y talismanes, y en algunos casos practicaban la adivinación por diferentes métodos. Otros de sus cometidos más populares estaban relacionados con las ilusiones amatorias y el placer, por lo que en numerosas ocasiones se las requería para crear filtros de amor, realizar rituales o escribir y declamar fórmulas mágicas con las que resolver problemas sentimentales. En resumen, las hechiceras eran «profesionales» que trabajaban en beneficio de la comunidad, siempre actuando de forma individual y cobrando por sus servicios. Por lo tanto, sus acciones no eran malvadas ni bondadosas, simplemente su finalidad era cumplir con los encargos que recibían.

También los hombres practicaron la hechicería, pero en menor proporción que las mujeres, ya que, si eran buenos conocedores de plantas y remedios naturales, solían ingresar en los monasterios, pues allí podían seguir ampliando sus conocimientos médicos y alcanzar un estatus que les estaba vedado a las mujeres.

De perseguidas a valoradas

Las hechiceras son figuras míticas que han estado presentes a lo largo de la historia en casi todo el mundo, teniendo sus raíces en las primeras civilizaciones humanas. En las culturas antiguas, como la egipcia, la sumeria, la griega y la celta, existían sacerdotisas y personas sabias que usaban rituales mágicos o los conocimientos que poseían sobre plantas y pociones para curar, predecir el futuro o influir en los eventos. Se las creía guardianas de secretos antiguos y eran consideradas como intermediarias entre los dioses y los seres humanos.

CONJUROS PARA HECHIZAR DE AMOR

Las hechiceras realizaban un importante servicio a la comunidad como curanderas, pero sus remedios para solucionar cuestiones amorosas, ya fuera atraer el amor, aumentar la pasión o alejar unas atenciones indeseadas, también eran encargos muy solicitados.

CONJUROS DE AMOR

¿Me quiere o no me quiere?
Para averiguarlo se usan 12 habas, la mitad de ellas descortezadas; si al extenderlas, ambos tipos de habas se sitúan próximos, es que existe amor verdadero.

Brebajes para enamorar: en su preparación las hechiceras empleaban sustancias muy diversas, desde polvo de huesos a sangre menstrual u orina de quien solicitaba el servicio; el brebaje debía incorporarse en la comida de la persona a la que se deseaba enamorar.

Sin embargo, a medida que el cristianismo se fue consolidando como la religión predominante en Europa, empezaron a adquirir unas connotaciones más oscuras. Durante la Edad Media y la Edad Moderna, el miedo a la magia y la hechicería creció significativamente, y las hechiceras fueron vistas como mujeres peligrosas, a menudo acusadas de pactar con el diablo y de las responsables de todos los males, desde las epidemias hasta las malas cosechas. Es decir, fueron asimilados también como brujas y perseguidos del mismo modo. Poco a poco, con el paso del tiempo, su percepción ha ido cambiando y las hechiceras hoy en día han pasado de ser figuras temidas y perseguidas a convertirse en todo lo contrario, siendo consideradas símbolos de poder femenino, sabiduría y conexión con lo sobrenatural.

La mítica Circe

La mitología griega nos trae a Circe, una de las hechiceras más famosas. Vivía en la isla de Eea y se la describía como una mujer hermosa y seductora, pero peligrosa, pues odiaba a los hombres y los convertía en animales usando sus conocimientos de herboristería y magia. *La Odisea* narra que el legendario héroe Ulises arribó a la isla y ordenó que desembarcase la mitad de la tripulación para explorarla. Circe los avistó desde su palacio y los atrajo con su hermosa voz. Preparó un banquete para agasajarlos, pero vertió una poción mágica en la bebida y los convirtió en cerdos. Uno logró escapar y avisó a Ulises, que acudió a rescatarlos. El dios Hermes quiso ayudarlo y le proporcionó una hierba mágica que le protegería de cualquier encantamiento de Circe. Y, en efecto, esta no logró transformarlo en animal y acabó enamorándose de él.

Poderes mágicos de las hechiceras

Como ya hemos visto, a lo largo de los siglos la figura de la hechicera ha sido transformada y reinterpretada, pero su relación con la magia y los poderes sobrenaturales siempre se ha mantenido constante. Una de sus habilidades más conocidas era su capacidad para preparar pociones, brebajes y elixires con fines muy variados, desde curar enfermedades hasta hacer que alguien se enamorase o, por el contrario, que desistiera de sus pretensiones. Para ello empleaban hierbas, raíces y otros ingredientes, que requerían de gran conocimiento para que las preparaciones fuesen efectivas. Las hechiceras también eran muy valoradas por su capacidad de ver el futuro o leer el destino. A través de métodos como la cartomancia, la lectura de las estrellas, las runas o el uso de cristales, podían obtener visiones del futuro o descubrir secretos ocultos. Este poder les permitía orientar a aquellos que buscaban respuestas, encontrar a personas desaparecidas o advertir de peligros inminentes.

Para llevar a cabo cualquiera de estos servicios, las hechiceras solían rodear sus acciones de un complejo ritual a medio camino entre lo religioso y lo profano, con velas, oraciones, ensalmos y algunos objetos similares a los empleados por las brujas, creando con todo ello un escenario mágico asociado con el misterio y la fascinación, pues de ese modo su trabajo era mejor aceptado y era un fiel reflejo de la intrincada relación que las sociedades humanas han tenido siempre con lo desconocido, lo divino y lo prohibido.

Poción de seducción: beber una infusión hecha con 12 pétalos secos de rosas, dos vainas de cardamomo machacadas, dos cucharaditas de hierba damiana, canela molida y miel.

Magia bajo la almohada: para despertar el amor de una persona, colocar bajo su almohada un cristal de cuarzo ahumado y otro de coralina.

Reavivar el amor: escribir en un papel los problemas que hay en la relación y en otro papel las cosas buenas. Doblar los dos tres veces, el primero en dirección opuesta a ti y el segundo hacia ti. Quemar el de lo negativo en la llama de una vela negra y esparcir sobre el positivo unos pétalos de rosa y unas agujas de pino. Enterrar este bajo un árbol.

Ritual sencillo: escribir en un papel el nombre de la persona a quien deseas enamorar, esparcir por encima un poco de guindilla en polvo y encender una vela roja. Concentrarse durante unos minutos en la imagen de esa persona.

MAGOS
Sabios y admirados

Simbología: sabiduría y conocimiento científico

Atributos: hombre, edad avanzada, larga barba blanca

Poderes: transformación y transmutación, hechizos, adivinación

Herederos de los druidas

La figura arquetípica de los magos como hombres de edad avanzada, bondadosos y cultos surgió en Europa durante la época medieval. Se les consideraba herederos de la tradición druídica, con conocimientos profundos en numerosos aspectos de la ciencia, especialmente sobre astrología, plantas y remedios naturales utilizados en medicina curativa, y alquimia, para controlar los elementos químicos y minerales, lograr la transmutación de metales y buscar la piedra filosofal. Eran conocedores de distintas lenguas, desde latín y griego hasta árabe y hebreo, lo que les permitía acceder a los saberes de muy diversas tradiciones y culturas, desde el paganismo antiguo hasta las creencias cristianas. Además, tenían acceso a conocimientos secretos, prohibidos o misteriosos, lo que les permitía influir en el mundo natural y sobrenatural; todo ello les confería una gran autoridad e influencia y les hacía ser venerados y respetados, aunque a menudo también generaban temor.

Muchos de los rituales y prácticas de los magos han quedado recogidos en los tratados esotéricos medievales, en los que se describe el empleo habitual de minerales extraños, piedras preciosas y objetos poco comunes, así como el uso de palabras y gestos misteriosos. Estos libros también reflejan que sus poderes derivaban de sus conocimientos científicos y astrológicos, de su capacidad para desvelar propiedades de las plantas y los materiales inexplicables en la época, pero cuya existencia se podía demostrar con pruebas tangibles.

Los poderes de los magos

Un vasto espectro de habilidades extraordinarias y místicas, siempre dirigidas al bien, conformaban los poderes de los magos. Su magia se basaba en el conocimiento profundo de las leyes ocultas de Dios y del universo, y en su habilidad para manipular las fuerzas invisibles que rigen la realidad, pero nunca en pactos con entidades demoníacas o el sometimiento a su control y exigencias. Se creía que los magos eran capaces de controlar los elementos naturales, predecir el futuro mediante la astrología, realizar pociones y elixires con propiedades mágicas y llevar a cabo rituales que podían cambiar el curso de los acontecimientos.

Sus conocimientos les permitían lanzar hechizos de naturaleza benévola, para curar enfermedades físicas o espirituales y proteger a las personas con hierbas y pociones, o crear amuletos o talismanes para alejar el mal o proteger de energías negativas. Predecían el futuro a través de la lectura de las estrellas, la interpretación de sueños, la cartomancia o la conexión con fuerzas o energías invisibles conocedoras de los secretos del destino. Podían manipular el fuego, agua, aire o tierra para transformar seres vivos y transmutar los metales.

EL MÍTICO MAGO MERLÍN

El mago más poderoso de la historia, Merlín, fue una figura legendaria de la historia antigua de las Islas Británicas. Aunque se tienen pocos datos ciertos de su vida, parece que fue un líder de los pictos, una tribu de Britania del siglo v.

Poderes: era capaz de hacerse invisible, cambiar de forma, controlar el clima y los elementos de la naturaleza y predecir lo que iba a suceder.

Relación con el rey Arturo: fue su principal consejero; gracias a su sabiduría y asesoramiento, Arturo pudo gobernar con acierto.

Triste final: ya anciano se enamoró de una joven muy hermosa, la llamada «Dama del lago». Se convirtieron en amantes, pero con el tiempo ella, consciente del gran poder de Merlín, comenzó a temerle. Con engaños logró que le desvelara el hechizo para atrapar a un hombre y lo empleó contra el propio mago, que acabó prisionero en una cárcel de cristal.

NIGROMANTES
En contacto con la muerte

· · · · · · · · · · · · · · · · · · · ·

Simbología: fuerzas oscuras

Atributos: personajes de aspecto sombrío

Poderes: adivinación, resurrección temporal de cadáveres, creación de espectros o seres de ultratumba, invocación de demonios

Difuntos y espíritus

La nigromancia es una forma de magia oculta que se basa en la adivinación a través de la invocación del espíritu de los muertos. Se dice que el control de las fuerzas espirituales permite al nigromante obtener conocimientos ocultos, poder o influencia sobre el mundo de los vivos. Aunque esta práctica se asocia a menudo con experiencias oscuras o malignas, en su origen no fue así. Por ejemplo, en las antiguas civilizaciones, especialmente en Egipto, Mesopotamia y Persia, era habitual invocar a los espíritus de los muertos como ayuda para la adivinación. También fue una práctica popular entre griegos, romanos y cartagineses, aunque en estos casos se pensaba que las almas convocadas a veces podían dar respuestas engañosas, ya fuera por diversión o por desconocimiento, ya que se pensaba que los muertos no lo sabían todo.

El cristianismo fue el primero que relacionó la nigromancia con lo malvado y la consideró una herejía. Esta idea se extendió hasta la época medieval y renacentista, que la juzgó como una forma de magia prohibida y vinculada con el ocultismo y los pactos demoníacos. Quienes la practicaban fueron a menudo acusados de hechicería y brujería, y muchos de ellos perseguidos por la Iglesia y las autoridades civiles. En la actualidad, se ha convertido en fuente de inspiración para multitud de relatos literarios, películas cinematográficas y videojuegos, representándola como una forma de magia oscura que aterroriza y, al mismo tiempo, causa fascinación, pues simboliza los límites del conocimiento humano y la atracción hacia lo prohibido.

La figura del nigromante y sus rituales

El practicante de la nigromancia se presentaba a menudo como un personaje misterioso y peligroso, capaz de desafiar las leyes naturales y espirituales, ya que buscaba el poder a través de medios oscuros. También se vinculaba con el arquetipo del «sabio o hechicero caído», alguien que había hecho un trato con fuerzas más allá de la comprensión humana para obtener conocimientos secretos.

Las prácticas de los nigromantes se basaban en una serie de rituales complejos. Por ejemplo, para contactar con los espíritus de los muertos, especialmente con aquellos que se suponía que tenían conocimientos o poderes especiales, utilizan diversos recursos, como círculos mágicos, pentagramas, fórmulas encantadas o sacrificios simbólicos. Cuando conectaba con ellos, los utilizaba para obtener respuestas a preguntas sobre el futuro o el destino, ya que se creía que los muertos tenían acceso a conocimientos ocultos debido a su experiencia más allá de la vida.

RITUAL DE LA NIGROMANCIA LUMINOSA

No todas las prácticas nigrománticas buscaban el mal. Existía también un tipo de nigromancia, denominada «luminosa», cuyo objetivo era comunicarse con un difunto para recuperar su sabiduría y emplearla en hacer el bien.

PROCEDIMIENTO

Paso 1: se elegía alguna fecha significativa para el difunto cuyo espíritu se deseaba invocar.

Paso 2: 14 días antes del ritual se preparaba una habitación con flores, en la que también se colocaba una imagen del difunto cubierta por el velo blanco.

Paso 3: todas las noches, a la misma hora, el nigromante entraba en la habitación, descubría el retrato y encendía una vela o una vara de incienso.

Nigromancia blanca y nigromancia negra

La nigromancia ha sido vista históricamente como una práctica peligrosa, mística y a menudo controvertida, debido a su finalidad de contactar con el más allá. Mientras que algunas formas de nigromancia se han considerado más benevolentes al estar relacionadas con la espiritualidad y la adivinación, otras se han asociado con la magia oscura y el uso de entidades malignas para obtener poder o venganza. En definitiva, la diferencia clave entre ambos tipos de nigromancia radica en las intenciones del practicante y las fuerzas espirituales con las que se busca interactuar.

La denominada nigromancia «blanca» se consideraba una variante más benigna o constructiva, ya que su objetivo principal era el uso de las energías espirituales para fines positivos, como la curación, la protección o la obtención de sabiduría. Quienes practicaban esta modalidad buscaban ayudar a los vivos mediante la intervención de espíritus bene-volentes o entidades protectoras. Los rituales solían ser más sutiles y se enfocaban en la comunicación con los muertos o la invocación de seres de luz.

Por el contrario, la nigromancia negra era una práctica esotérica que se asociaba con la magia oscura y el uso de poderes sobrenaturales para manipular fuerzas malignas o peligrosas. A diferencia de la anterior, que se consideraba una práctica de adivinación que buscaba fines positivos, la negra se relacionaba con la invocación de espíritus oscuros, demonios o entidades malignas, con la intención de obtener beneficios personales a través de medios considerados peligrosos o malévolos. Esta magia perseguía alterar el destino o influir en las personas, a menudo a través de maldiciones, hechizos destructivos o manipulaciones espirituales.

La bruja de Endor

Aunque habitualmente la figura del nigromante se asocia con un hombre, una de las primeras prácticas de comunicación con difuntos la realizó una mujer, la pitonisa o bruja de Endor, nombre por el que aparece citada en el Libro de Samuel de la Biblia. En él se narra que, estando Israel amenazado por los ejércitos filisteos, su rey, Saul, pidió consejo a Yhavé, pero el soberano había caído en desgracia y no recibió respuesta. Desesperado, consultó a una adivina que podía comunicarse con los difuntos y solicitó que le pusiera en contacto con el espíritu del profeta Samuel. La nigromante realizó el conjuro y contactó con el difunto. Este le dijo que los filisteos ganarían la guerra, que Saúl y sus hijos morirían y que el reino pasaría a manos de David.

Paso 4: permanecía encerrado en la habitación durante una hora, concentrado en el propósito que quería llevar a cabo.

Paso 5: el día del ritual se disponía una comida para el nigromante y el espíritu del difunto.

Paso 6: al anochecer de ese día, a la misma hora que en jornadas anteriores, el nigromante volvía a entrar en la habitación elegida.

Paso 7: encendía un pequeño fuego con madera de ciprés y arrojaba incienso sobre él siete veces seguidas, mientras pronunciaba el nombre del difunto. Esperaba a que las llamas se consumieran.

Paso 8: colocaba incienso sobre las brasas e invocaba a Dios. Tras un cuarto de hora, se cubría los ojos con las manos y llamaba al difunto tres veces seguidas.

Paso 9: si la ceremonia había tenido éxito, al abrir los ojos lograba el contacto; si no era así, volvía a repetir el ritual al año siguiente y, si era necesario, durante tres años.

En los rituales más oscuros, los nigromantes no solo pretendían comunicarse con los muertos, sino también controlarlos para cometer actos malignos o realizaban pactos con demonios o entidades oscuras a fin de ganar poder, inmortalidad o conocimiento prohibido. Asociadas a estas prácticas estaban la creación de seres de ultratumba o «no muertos» para que les sirvieran como ejecutores de sus propósitos. Cualquiera de los pactos a menudo involucraban sacrificios o la entrega de parte del alma del nigromante a cambio de favores sobrenaturales, lo que le ponía en grave peligro o incluso le llevaba a padecer consecuencias muy negativas, tanto espirituales como físicas. Habitualmente, este tipo de prácticas se realizaban en cuevas o en zonas de enterramientos, ya que se tenía la creencia de que esos lugares eran portales al inframundo.

SERES DEL ÉTER

En términos generales, el éter se describe como una sustancia sutil e invisible que permea todo el universo por encima de la esfera terrestre, una especie de «campo energético» que conecta todas las cosas. Desde una perspectiva espiritual y metafísica, los seres del éter son considerados entidades no materiales que solo existen en ese plano energético o etéreo, en un plano o una realidad superior, más allá de la materia tangible.

Son seres que poseen una forma de conciencia y energía, pero que carecen de la densidad física de los seres humanos o de los animales, y con unas características muy diferentes a las de las criaturas materiales que conocemos. Por lo tanto, son entidades invisibles e intangibles, de naturaleza benevolente, y que están profundamente conectadas con las energías sutiles del universo, lo que les permite influir en las emociones, los pensamientos y la energía vital de los seres humanos, aunque no siempre de manera directa. Su existencia está asociada a la idea de que hay una realidad más allá de lo material, llena de energías invisibles e influencias sutiles.

ENTIDADES ANGÉLICAS

Espiritualidad

Simbología: mensajeros divinos

Atributos: aspecto humano, dotados de alas, don de lenguas

Poderes: protección, guía espiritual, sanación del cuerpo y el alma

Seres de luz

El nombre genérico de «ángel» agrupa a una serie de entidades espirituales consideradas como mensajeros o servidores de lo divino, cuya función principal es la de actuar como intermediarios entre la divinidad y los seres humanos, con el fin de orientar a estos, darles apoyo espiritual y protegerlos de la acción maligna de los demonios. Son seres de gran pureza, bondad y poder, que pueden comprender los misterios del universo y poseen capacidades extraordinarias, como la de materializarse delante de las personas elegidas o hablar cualquier idioma o dialecto. En general, se les representa dotados de alas para que les sea posible cumplir más rápidamente su papel de agentes de la voluntad de Dios.

Según la tradición cristiana, los ángeles nacieron antes que el mundo físico, durante el segundo día de la creación, cuando Dios creó el cielo, y los concibió como seres de luz pura y sin libre albedrío, destinados a servirle y adorarle. En el judaísmo, son mencionados en textos sagrados como el Tanaj, donde se describe a los arcángeles Miguel y Gabriel como seres celestiales que actúan bajo las órdenes de Dios. Pero estas entidades aladas también aparecen mencionadas en otras tradiciones culturales y religiosas antiguas. Por ejemplo, en los textos sagrados de la antigua Persia se menciona a unos seres alados, superiores a los humanos pero con una apariencia muy similar, cuya función era ayudar a la divinidad. También en el gnosticismo, una doctrina filosófica y religiosa surgida en el siglo I, que mezclaba creencias del cristianismo antiguo, judaicas y orientales, se aseguraba su existencia como seres eternos.

Por su parte, el islam también reconoce a sus propios ángeles, denominados malaikas, que son seres creados por Alá y que cumplen diversas funciones, como alabar a Dios o interactuar con los seres humanos en su vida cotidiana; uno de ellos, Jibril (Gabriel), fue el encargado de revelar el Corán al profeta Mahoma.

Los coros angélicos

Este es un concepto presente en diversas tradiciones religiosas, especialmente en el cristianismo, por el que se organiza a los ángeles en diferentes coros o jerarquías, cada uno con funciones específicas y una relación particular con Dios. Parece que esta clasificación se basa en los textos de Dionisio Aeropagita, un ateniense del siglo I que se convirtió al cristianismo y fue discípulo de San Pablo de Tarso, y que fue retomada y explicada posteriormente por Santo Tomás de Aquino. Este detalla una estructura jerárquica de los ángeles, organizados en tres tríadas o jerarquías, cada una con tres coros con

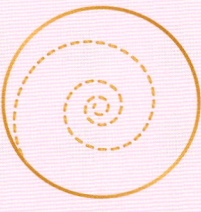

CONECTAR CON EL ELEMENTO ÉTER

El éter es la energía que conecta todo en el universo, una fuerza invisible que permea el cosmos y lo que en él habita. Conectar con él es una experiencia trascendental, un recordatorio de que somos parte de algo mucho más grande y misterioso. La práctica constante y la disposición a ir más allá de los límites materiales de la realidad, nos permitirá explorar las dimensiones más sutiles y espirituales de la existencia.

Meditación profunda: sentados en un lugar tranquilo, cerramos los ojos y nos concentramos en la respiración. Imaginamos que al inhalar nos llenamos de luz y energía cósmica, y al exhalar, liberamos tensiones y bloqueos, dejando espacio para la expansión. Con esta práctica disolverás las fronteras del ego y alcanzarás un estado de conciencia más amplio.

su propia función y responsabilidad. La primera tríada, compuesta por los serafines, los querubines y los tronos, es la más cercana a Dios; la segunda, integrada por dominaciones, virtudes y potestades, desempeña un rol de intermediario entre Dios y los hombres; por último, la tercera tríada, que incluye principados, arcángeles y ángeles en sentido estricto, es la que tiene una relación más directa con la humanidad. Esta estructura refleja el orden y la organización divina, mostrando cómo cada ángel tiene un papel único en el cumplimiento del plan de Dios.

Los poderes de los ángeles

Los ángeles son seres espirituales dotados de poderes extraordinarios que van más allá de las capacidades humanas. Estos poderes no son fruto de su voluntad o deseo personal, sino que emanan de su naturaleza divina y su total sumisión a la voluntad de Dios. Aunque sus habilidades varían dependiendo de la jerarquía o el tipo de ángel, en general, están enfocadas al mundo espiritual y la protección y guía de los seres humanos, actuando siempre en su beneficio. Sus poderes no están limitados por las leyes de la naturaleza o la razón humana, sino que están sometidos a la voluntad de Dios y son una manifestación de su devoción a lo divino y su misión de servir al orden celestial.

Uno de los poderes más destacados de los ángeles es el de protección. Se cree que los ángeles guardianes están asignados a cada persona desde su nacimiento para guiarla, protegerla y evitar que pierda el rumbo correcto en su camino espiritual. Pueden intervenir en momentos de peligro físico o emocional, alejando influencias malignas o resguardando a las personas de accidentes, enfermedades y adversidades. Su poder es significativo en la lucha contra las fuerzas oscuras que intentan desviar a la humanidad del camino de la verdad. A través de su influencia y su sabiduría profunda inspiran a las personas para que sigan el camino correcto, tomen decisiones acertadas y encuentren consuelo en momentos de duda. Este poder de sabiduría es uno de los aspectos más importantes de su rol.

Junto a su función como protectores y guías, los ángeles también tienen el poder de ayudar a las almas en su proceso de transformación espiritual. A través de su presencia y acción, pueden inspirar tanto arrepentimiento como deseo de purificación y conversión. Son agentes de la gracia divina que permiten a las personas acercarse más a Dios y alcanzar un estado de paz interior. Pueden transmitir la voluntad de Dios a los seres humanos y entregar mensajes divinos que llevan instrucciones, advertencias o revelaciones sobre el futuro. Este poder de revelación implica no solo la transmisión de palabras, sino también la capacidad de comunicar las verdades divinas de manera directa y clara.

Intuición: practicar técnicas que fomenten el desarrollo de tu intuición, como el yoga, la visualización o el trabajo con los chakras, puede ayudarte a percibir las sutilezas del éter. A medida que tu mente se calma, serás capaz de sentir la energía que fluye a través de ti y de tu entorno, ampliando tu capacidad de conectarte con este elemento.

Sonidos: las vibraciones del sonido viajan a través del espacio y son un vehículo poderoso para conectar con el éter. Experimenta cantando mantras, usando cuencos tibetanos o escuchando música armónica que te permita sentir que estás alineado con el flujo universal.

Silencio: aunque pueda parecer una técnica antagónica a la anterior, no es así, ya que el silencio permite que la mente se libere del ruido constante de la vida diaria. En él, el ego se disuelve y la conciencia se abre, posibilitando que la energía universal se infiltre en tu ser.

Otros poderes

En muchas tradiciones, se cree que los ángeles tienen la capacidad de intervenir para traer alivio físico a los enfermos, favoreciendo la sanación del cuerpo, y también que tienen el poder de influir en los elementos naturales y cósmicos si es necesario para cumplir la voluntad de Dios, por ejemplo, provocando catástrofes naturales, como tormentas o terremotos, o alterar el curso de los astros, ya sea como advertencia o como castigo divino.

SERAFINES Y OTROS COROS
Adoración y alabanza

Simbología: cerca de la divinidad

Atributos: alas en número variable

Poderes: alabanza divina, sabiduría, protección, equilibrio en el cosmos

Primera tríada angélica

En la teología cristiana, la primera jerarquía de ángeles agrupa a los que se hallan más cercanos a Dios, por lo que lo contemplan directamente, rodeándolo de amor y adoración, y desempeñan funciones de gran importancia en el orden celestial. Según la tradición, esta jerarquía se divide en tres coros: serafines, querubines y tronos, cada uno con una función específica y esencial en la relación con lo divino y en el mantenimiento del orden cósmico. En conjunto, estos tres coros celestiales se hallan en la más íntima comunión con Dios y su principal misión es glorificarle y ejecutar su voluntad en el cielo y en la tierra.

Serafines

Este coro ocupa el rango más alto en la angeología cristiana y su nombre proviene de la palabra hebrea *seraf*, que significa «quemar» o «arder», haciendo referencia a la intensa pasión que ponen en la adoración de Dios. Estos seres celestiales son los más cercanos al trono divino, en torno al cual se mueven, irradiando luz y calor debido a su naturaleza ardiente, simbolizando su amor y devoción inquebrantables hacia el Creador. La misión que tienen encargada es cantar constantemente loas para la alabanza de Dios. La teología cristiana los considera portadores de la luz divina y los asocia con la purificación del alma.

Aunque este coro de ángeles no se menciona tanto como otros en los libros sagrados, sí hay una referencia muy conocida en el Libro de Isaías, donde se les describe con seis alas: dos que les cubren parcialmente el rostro para proteger sus ojos de la intensa luz que emana de Dios; otras dos que son las que emplean

para volar; y un último par de las que oculta sus pies como símbolo de humildad. En el judaísmo también se les representa con tres pares de alas, pero su cuerpo adopta la forma de una serpiente dorada.

Querubines

Son los ángeles del conocimiento, la sabiduría y la protección, que contemplan la gloria de Dios, y simbolizan la intimidad con el Ser Supremo, la revelación divina y el resplandor de su luz. Se asocian con el trono de Dios y son los vehículos de su presencia, transportando su gloria por el universo, ya que son capaces de moverse a gran velocidad. Su presencia garantiza la revelación y la gloria, y refleja la cercanía y la majestad divina.

Su tarea de protección y guarda de lo sagrado se menciona en el Génesis, cuando después de la expulsión de Adán y Eva del Jardín del Edén, el texto dice que Dios colocó a un querubín con una espada flamígera delante del árbol de la vida para que custodiase el acceso a él. Por su parte, en el libro de Ezequiel, los querubines se describen como seres celestiales con

PREPARACIÓN PARA INVOCAR A LOS ÁNGELES

Antes de iniciar un proceso de invocación o de oración para convocar la ayuda o la presencia de un ángel, es muy importante preparar el ambiente adecuado y aprender a concentrarse a fin de llevar a cabo este propósito.

Espacio: limpiar y ventilar bien la habitación en la que vayamos a actuar; aromatizar la habitación con flores frescas, recipientes con rodajas de cítricos, varitas de incienso o quemadores de aceites esenciales.

Iluminación: lo más adecuado es emplear velas, que proporcionan una luz difusa, sin estridencias ni fuertes contrastes de luces y sombras.

Ropa: quitarse los zapatos y emplear unas prendas que resulten cómodas y no sean demasiado ajustadas.

Postura: sentarse en una silla o en el suelo, mantener la espalda recta y las palmas de las manos hacia arriba y apoyadas en las rodillas.

dos pares de alas y cuatro rostros: de hombre, representando a la humanidad, de león, en representación de los animales salvajes, de buey, como símbolo de los domésticos, y de águila, en memoria del mundo de las aves. Las piernas son rectas y terminan en pezuñas similares a las de los toros, reluciendo como si fueran de bronce. Esta imagen, imponente y mística, difiere mucho de la que ha popularizado el arte religioso a lo largo de los tiempos, que representa a los querubines como hermosos niños alados de corta edad, regordetes y con expresiones tiernas, símbolos de pureza y belleza.

Tronos

Los ángeles tronos son uno de los coros más elevados dentro de la jerarquía angelical, ocupando el tercer lugar de la esfera superior, por debajo de los serafines y los querubines. En la Biblia no se mencionan específicamente por este nombre, pero sí se hace referencia indirecta a ellos en algunos textos, como en el Libro de Ezequiel, donde se alude a que se mueven junto con el carro celestial. El nombre de estos ángeles proviene de la función que desempeñan, pues se dice que sirven metafóricamente como «trono» o «silla» de Dios, representando la justicia y la autoridad divina.

Ángeles caídos

Esta narrativa se refiere a los ángeles que desobedecieron o se rebelaron contra Dios, por lo que fueron expulsados del cielo y condenados a la oscuridad. Algunos libros del Antiguo Testamento citan como iniciador del proceso a Lucifer, un querubín que, en su caída, arrastró con él a otros muchos. Aunque aún no se ha explicado cómo es posible que unos ángeles, que son espíritus de bondad, pudieron inclinarse hacia la oscuridad, en lo que sí se ha mostrado acuerdo es que este episodio simboliza la lucha entre el bien y el mal, y se interpreta como el origen del mal en el mundo. A la vez, se presenta como una advertencia sobre las consecuencias que tiene desafiar el orden divino.

Su función principal es servir como vehículos de la voluntad de Dios, actuando como instrumentos para hacer que se cumpla, y como canales a través de los cuales se comunica la justicia divina en el cosmos. Se les atribuye una profunda humildad y serenidad, y a menudo se asocian con la estabilidad y el orden. Su especial cercanía con el poder divino se asocia con su papel como consejeros ecuánimes y equilibrados, siempre justos y bondadosos, con el fin de mantener la armonía entre los diferentes niveles de la creación.

Se representan como figuras con alas o seres con ruedas cubiertas de múltiples ojos que resplandecen con extraordinario fulgor y simbolizan la omnisciencia y el control divino sobre la creación, así como el movimiento continuo y eterno de la gloria divina, que nunca se detiene y que está más allá de la comprensión humana. En este sentido, los ángeles tronos no solo reflejan la majestad de Dios, sino que también actúan como pilares de su poder inmutable y su autoridad sobre el universo.

CONCENTRACIÓN

Paso 1: comenzar por unas respiraciones profundas para vaciar la mente; visualizar cómo el aire entra y sale de nuestro cuerpo.

Paso 2: imaginar que nos encontramos bajo la bóveda del cielo, en una noche despejada y vemos las estrellas brillando.

Paso 3: fijamos la atención en una única estrella e imaginamos que se va haciendo más brillante y se acerca hasta nosotros.

Paso 4: su luminosidad y su cercanía nos producirá una sensación de paz y bienestar, que pronto se irá transformando en un sentimiento de alegría y emoción.

En ese momento ya estamos preparados para invocar la presencia de un ángel o dirigirle una oración.

ÁNGELES DE SEGUNDA JERARQUÍA

Entre la divinidad y el hombre

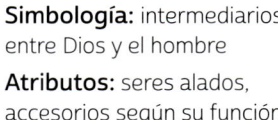

Simbología: intermediarios entre Dios y el hombre

Atributos: seres alados, accesorios según su función

Poderes: guía de jerarquías angélicas inferiores, fuente de gracia para el hombre, protección contra el mal

Segunda tríada angélica

Según la jerarquía angelical tradicional, esta tríada se compone de tres coros de ángeles: dominaciones, virtudes y potestades, y su principal función es la de hacer de intermediarios entre Dios y los seres humanos. Estos ángeles tienen funciones y poderes específicos que reflejan su proximidad a la voluntad divina, y desempeñan un papel esencial en la supervisión y el mantenimiento del orden cósmico, asegurando que el plan divino se realice correctamente en todos los niveles de la existencia.

Dominaciones

Tienen la responsabilidad de dirigir, guiar y coordinar las actividades de los otros ángeles inferiores en la jerarquía como supervisores del orden celestial, regulando los coros inferiores y sirviendo como intermediarios entre las esferas superiores y las más bajas. No se relacionan directamente con los seres humanos, pero desempeñan un papel fundamental en el cumplimiento de la voluntad de Dios en el cosmos. Se suelen representar como figuras majestuosas, en poses que denotan autoridad y dignidad, con alas y corona, a veces vestidos de soldados y con espadas o alguna otra arma en la mano.

Virtudes

Estos seres celestiales otorgan gracia, fortaleza, bendiciones y virtudes divinas a los seres humanos. Se les asocia con la curación espiritual y la realización de milagros, facilitando la intervención

divina en el mundo material. Ejercen una influencia directa sobre el mundo de los hombres, fortaleciendo sus almas para que puedan cumplir con la voluntad de Dios. Se les suele representar como ángeles radiantes, que emanan luz o fuerza y energía divinas, sosteniendo símbolos de virtud, sabiduría o poder.

Potestades

El nombre de estos ángeles refleja sus funciones, ya que velan por la armonía y el equilibrio del cosmos y vigilan los márgenes del mundo espiritual con el físico, protegiendo a la humanidad en cuestiones relacionadas con el destino y el orden, la ley natural y la lucha contra el caos y la corrupción. Suelen aparecer representados como figuras guerreras con armadura y espada, transmitiendo autoridad y fortaleza.

COMUNICACIÓN A TRAVÉS DEL SÉPTIMO CHAKRA

Una forma de comprender cualquier mensaje que nos deseen transmitir los ángeles es a través de nuestros centros energéticos. En este caso, el séptimo chakra, el de la corona o Sahasrara, será el que juegue un papel fundamental, pues es el centro de la espiritualidad y la transformación, de la iluminación.

Colores: violeta y blanco.

Piedras: amatista, fluorita morada, sugilita, cristal de roca, apofilita, selenita, topacio blanco.

Aceites esenciales: flor de loto blanca, flor de arroz china.

Posturas de yoga: equilibrio invertido de brazos (Shirshasana), postura del loto (Padmasana), la de la vela (Salamba Sarvangasana) y la del ángulo recostado (Supta Baddha Konasana).

ARCÁNGELES Y ÁNGELES

Protección y comunicación

Simbología: los más cercanos a los hombres

Atributos: acordes al rol de cada coro

Poderes: mantener el orden de las grandes estructuras sociales, comunicar mensajes divinos, protección individual de las personas

Tercera jerarquía angélica

Según la teología cristiana, está compuesta por tres coros de ángeles: principados, arcángeles y ángeles propiamente dichos. Los primeros son responsables de la supervisión de la moralidad y la justicia en las estructuras sociales; los segundos se centran en la comunicación de grandes mensajes divinos a la humanidad y los últimos tienen como misión el cuidado individual de las personas. Esta tríada se distingue de las anteriores por tener una relación más directa con el mundo material y humano e involucrarse profundamente en sus realidades. Su función es crucial para mantener el orden divino en el universo, guiando y protegiendo a los seres humanos de las fuerzas del mal y asegurándose de que se cumpla la voluntad de Dios en el mundo. Son las entidades angélicas más cercanas a nuestra vida cotidiana.

Principados

Este coro angélico es el que supervisa a las grandes instituciones humanas, como las naciones y los gobiernos, para guiarles hacia el bien y asegurarse del cumplimiento de la voluntad divina. Estos ángeles vigilan a los líderes terrenales para que actúen en favor de la justicia, con sabiduría, rectitud y compasión, y observan los asuntos políticos, sociales y culturales, intercediendo para mantener el orden y la armonía en el mundo material. También orientan a las instituciones espirituales para que la voluntad de Dios se cumpla en todos los niveles de la sociedad. Son entidades angélicas con una gran responsabilidad y autoridad, ya que velan por el bienestar, el orden y la justicia. A nivel celestial, los principados también tienen la tarea de coordinar las actividades de los ángeles inferiores, especialmente de aquellos que se encargan de aspectos concretos de la vida humana.

A menudo, se les representa como seres majestuosos, con una presencia que inspira respeto y veneración, serenidad y sabiduría, y portando atributos de autoridad, como coronas, cetros, estandartes o libros, reflejando su rol de supervisores y guías del orden divino en la tierra.

Arcángeles

Están considerados los mensajeros más importantes de Dios, con una misión especialmente significativa en el mundo humano. A diferencia de los ángeles comunes, que tienen funciones más cercanas a las personas, los arcángeles desempeñan tareas de mayor trascendencia, tanto en el plano espiritual como en el terrenal, transmitiendo mensajes divinos de gran importancia. En la tradición cristiana se les conoce principalmente por su capacidad para intervenir en momentos clave de la historia humana, como en la revelación de misterios

ELEMENTOS Y SÍMBOLOS DE LOS ARCÁNGELES

A cada uno de los arcángeles principales se les asignan una serie de atributos representativos.

MIGUEL
....
Simbología: jefe del ejército celestial.
Color: azul.
Estación: invierno.
Elemento: fuego.
Hora propicia: medianoche.

GABRIEL
....
Simbología: mensajero celestial.
Color: verde.
Estación: primavera.
Elemento: agua.
Hora propicia: mediodía.

divinos o en la lucha contra las fuerzas del mal. Y es que los arcángeles no solo son mensajeros, sino también guerreros espirituales y defensores del bien, dotados de poder, sabiduría y autoridad para actuar y cumplir la voluntad de Dios.

Suelen aparecer representados con alas grandes, vestiduras majestuosas y una actitud imponente, simbolizando su cercanía a Dios y su rol como líderes espirituales. A veces incluyen una espada, como símbolo de su lucha contra las fuerzas del mal, o una trompeta o un lirio, elementos que aluden a su papel de mensajeros y anunciadores de revelaciones.

Tradicionalmente se considera que hay cuatro mensajeros divinos o arcángeles: Miguel, Gabriel, Rafael y Uriel. El primero, Miguel, es el arcángel más destacado y se le presenta como el líder de los ejércitos celestiales, encargado de proteger a la humanidad contra las fuerzas del mal. Es el ángel guerrero, el que defiende la justicia y la verdad de Dios, y es venerado como un símbolo de fortaleza, valentía y protección. Gabriel es el mensajero divino, quien anuncia las grandes noticias, como el nacimiento de Jesús a la Virgen María, y las revelaciones, como el nacimiento de Juan el Bautista a Zacarías. Está considerado un ángel de luz y revelación, que trae entendimiento y claridad a los seres humanos sobre el plan divino. Por su parte, Rafael es el arcángel asociado con la sanación y la protección, respetado como protector de los viajeros y los enfermos, con el poder de sanar tanto el cuerpo como el espíritu. Es un ángel de misericordia y compasión, que actúa para restaurar la salud y la paz. El último de ellos, Uriel, es el guardián de las emociones y del corazón, el portador del fuego del amor puro.

Ángel de la Guarda

Es aquel que Dios asigna a cada persona para protegerla y guiarla a lo largo de su vida. En la tradición judeocristiana, se cree que cada ser humano tiene un ángel guardián o custodio que actúa como su protector espiritual, ayudándole a tomar decisiones sabias y a resistir las tentaciones. Si este ángel logra llevar a su protegido al Cielo, se queda allí junto a él. Habitualmente se le representa protegiendo a los niños, ya sea mostrándoles el camino correcto o envolviéndoles con sus alas, especialmente durante la noche, para brindarles protección.

Ángeles

El último coro angélico, el de los ángeles, es el más cercano a la humanidad, ya que su función principal es actuar como guardianes personales de los seres humanos, protegiéndoles y sirviéndoles de guía espiritual en su vida diaria. Actúan como mensajeros de Dios, transmitiendo su voluntad en forma de inspiración o revelación, velando por el bienestar espiritual de las personas, guiándolas hacia el cumplimiento del propósito divino y ayudándolas a resistir las tentaciones y el mal. Estos ángeles no solo protegen de manera personal, sino que también asisten en los momentos de dificultad, llevando consuelo y esperanza. A menudo se les representa vestidos con sencillas túnicas ligeras, alas y en una postura de servicio y protección.

RAFAEL

Simbología: protector de la salud y de los viajeros.

Color: rojo.

Estación: otoño.

Elemento: tierra.

Hora propicia: atardecer.

URIEL

Simbología: luz y fuego de Dios.

Color: amarillo.

Estación: verano.

Elemento: aire.

Hora propicia: amanecer.

OTROS ARCÁNGELES

Raguel: justicia y armonía.

Sariel: almas pecadoras.

Raziel: guardián de secretos.

SERES ELEMENTALES

Los seres elementales o genios de la naturaleza
son entidades mitológicas asociadas con los cuatro
elementos clásicos: aire, agua, fuego y tierra. Son
guardianes o personificaciones de estos elementos,
de modo que reinan dentro del que les corresponda
y protegen todo aquello que lo componga. Son de
naturaleza sutil, habitan en una dimensión intermedia
entre la divina y aquella por la que se mueven los seres
humanos, que solo son capaces de visualizarlos si ellos
deciden mostrarse, aunque se dice que los niños
y algunas personas con dotes clarividentes
pueden verlos. Se encuentran conectados con
la naturaleza y sus ciclos.

Estas figuras fantásticas se vinculan con el viento,
con la fluidez de la vida acuática, con la energía
transformadora del fuego y con la estabilidad
y fertilidad de la tierra.

SERES ELEMENTALES DEL AIRE

Viento y aire vivo

Los seres elementales del aire son entidades vinculadas con uno de los cuatro elementos fundamentales, el aire, y relacionados con la vibración y la energía que fluye a través de la atmósfera. Son criaturas de naturaleza etérea y ligera, capaces de moverse con gran rapidez y velocidad, sin restricciones físicas en sus desplazamientos, lo que les permite manifestarse en lugares distantes y en universos paralelos. Poseen una perspectiva elevada, pues el aire es el medio por el cual se conecta el plano físico con el plano psíquico y anímico. Así, los seres del aire tienen una visión de todas las cosas mucho más espiritual e intuitiva, una capacidad desarrollada para percibir lo que hay más allá de lo visible, ayudando a aquellos que los invocan a desarrollar intuiciones más profundas y espirituales.

El aire, como elemento, también está relacionado con la mente y el intelecto, y por ello, los seres que pertenecen a él están ligados al pensamiento y la conciencia, ayudan a aclarar ideas y a mejorar la comprensión. Hay que tener en cuenta que el plano mental a veces está contaminado por pensamientos negativos, como la intolerancia o la codicia, y una de las tareas de los seres elementales del aire es purificar esos pensamientos y alejarlos. Son espíritus sabios, que dan mayor importancia a la reflexión y el razonamiento que a los sentimientos, lo que les permite mantener una visión más objetiva de los acontecimientos. Además, también extienden su influencia sobre la creatividad y la imaginación, enriqueciendo de este modo nuestras vidas. Cuando se acude a ellos en busca de una guía de sabiduría para los momentos de confusión, para hallar respuestas a preguntas difíciles o para encontrar una fuente de inspiración en nuestros proyectos, hay que hacerlo siempre con una intención muy clara y con gran respeto, ya que son entidades extremadamente sensibles que, a pesar de su naturaleza habitualmente amigable, pueden sentirse ofendidas con gran facilidad y entonces revelan su carácter menos favorable.

Los elementales del aire están conectados con las cuatro direcciones del viento (norte, sur, este y oeste) y cada una de ellas se asocia con diferentes características y cualidades, representando el cambio y la transformación. Su asociación conceptual con el viento les proporciona una de sus características más interesantes, que es la comunicación. De manera que transmiten sus mensajes a través del viento, susurrando en las corrientes de aire para inspirar pensamientos y claridad mental. Además, son unos de los seres mágicos con mayor predisposición a relacionarse con los seres humanos.

Guardianes del aire

Aunque los seres elementales del aire son representados según las tradiciones culturales de cada lugar, en lo que coinciden es en considerar a estos espíritus, que en la mayoría de los casos son invisibles a voluntad, como guardianes del aire, que controlan el viento, los huracanes y las tormentas, por lo que son venerados como fuerzas que gobiernan los fenómenos climáticos y el bienestar general de todos los seres que habitan la Tierra, y que también están vinculados con el principio básico que constituye el hálito o energía fundamental de los procesos de creación.

Además de todas las criaturas del aire que se describirán en las siguientes páginas, hay una que no aparece y que se diferencia claramente del resto por su naturaleza temperamental, a veces maliciosa, que es una característica poco habitual entre estos seres. Se trata del nuberu, un espíritu procedente de la mitología celta, que domina las nubes de tormenta y las borrascas, y que puede provocar temporales, granizo y fuertes tempestades.

Conectar con los seres elementales de aire

Cuando busquemos conocimientos, inspiración y reforzar nuestra creatividad, podemos invocar a los seres elementales del aire para que nos presten su ayuda. El ritual de conexión es muy sencillo, pero requiere una buena concentración y un propósito firme de lograrlo.

Comenzaremos buscando un lugar adecuado, alejado de posibles distracciones. Después iniciaremos el ejercicio de respiraciones profundas que facilitará el estado de concentración. Debemos inspirar y espirar lentamente, siendo conscientes de cada inhalación y exhalación del aire. A continuación, imaginaremos al viento soplando a través de nuestro cuerpo, mientras sentimos su energía y su poder. Este es un proceso lento, que no debemos forzar. Cuando sintamos que hemos alcanzado el estado de receptividad y apertura necesarios para recibir las enseñanzas de estos seres mágicos, será el momento de expresarles nuestras peticiones, siempre con respeto y gratitud.

ELFOS
Seres poderosos y bellos

· · · · · · · · · · · · · · ·

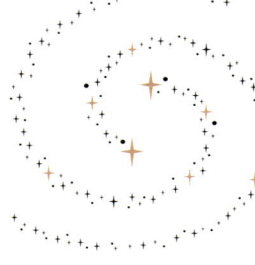

Simbología: magia, misterio y eternidad

Atributos: juventud, belleza, gran altura

Poderes: curación física y psíquica, lectura del pensamiento, invisibilidad, manipulación del tiempo y el espacio

Una raza antigua

Desde la mitología nórdica y germana nos llegan estos espíritus del aire profundamente conectados con la naturaleza, con habilidades mágicas o poderes sobrenaturales, y generalmente descritos como seres con aspecto de hombres o mujeres jóvenes, de tez blanca y una belleza de increíble perfección, dotados de gracia, gran estatura y una apariencia delicada y elegante. Tienen el cabello largo y liso, ojos grandes y orejas puntiagudas, rasgos que no les restan hermosura. Se trata de criaturas inmortales o de longevidad extrema, con un aura de misterio, y una sabiduría y conocimiento ancestral, en especial sobre la magia, las estrellas y la historia del mundo. A pesar de que su magia está sobre todo asociada a la curación y la naturaleza, también son guerreros formidables con unas habilidades de combate sobrehumanas.

Sus primeras menciones provienen de la mitología nórdica, en la que los elfos, o álfar, como se nombraban en las lenguas nórdicas antiguas, eran seres semidivinos, etéreos, que habitan en el reino de Alfheimr, uno de los nueve mundos en la cosmología nórdica, y estaban asociados con la fertilidad, la luz y la protección. Según las sagas nórdicas legendarias, especialmente la *Edda* poética, que es una antigua colección de poemas, existían elfos de la luz, que brillaban más que el sol, eran benevolentes y tenían la capacidad de sanar y de conceder deseos, y elfos de la oscuridad, seres malignos que podían causar graves daños o presagiar la muerte.

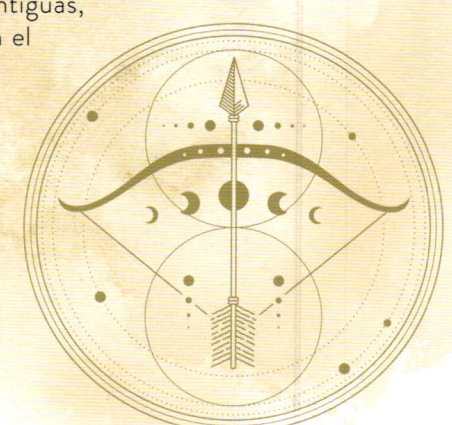

No puede dejar de mencionarse la gran presencia que los elfos han tenido en la literatura, especialmente tras las obras de J. R. R. Tolkien, quien popularizó su imagen como seres inmortales, sabios, nobles, poderosos y con habilidades mágicas, que jugaban un papel crucial en la lucha contra las fuerzas del mal. Aunque el escritor se basó en las tradiciones nórdicas y germanas, otorgó a los elfos una identidad propia, transformándolos en seres con una cultura rica, lenguaje propio y una conexión profunda con la naturaleza.

Es curioso que en ningún texto de Tolkien haya ninguna referencia a las orejas puntiagudas que todos asociamos a los elfos. Él destacó más su mirada, su voz y su belleza.

INVOCAR EL PODER DEL AIRE

Simbología: visualización clara, principio del cambio, comunicación.

Poderes: espiritualidad, concentración, protección, limpieza, sabiduría, intuición, imaginación, libertad, armonía, curación, creatividad, conocimiento, motivación.

Elemento y energía: masculino y yang.

Chakras: raíz, garganta.

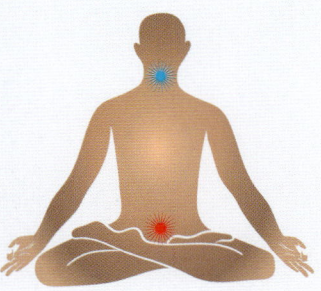

Colores: plata, blanco, gris, amarillo, azul claro, lavanda, rosa, rojo.

Signos del zodiaco: Géminis, Libra y Acuario.

Astros asociados: Mercurio, Júpiter y Urano.

Relación de los elfos con los seres humanos

Describir el tipo de relación que estos seres mágicos han tenido a lo largo de la historia con los humanos resulta algo complejo, ya que estos siempre han sentido cierto miedo ante ellos, pues nunca se tiene la certeza del tipo de elfo con el que se está tratando, es decir, si es un ser luminoso o uno oscuro, a pesar de que la mayoría pertenece al primer grupo y no supone ningún tipo de amenaza para las personas. Incluso hay leyendas que hablan de matrimonios entre las dos razas, cuya descendencia resultaba especialmente hermosa y dotada de grandes poderes mágicos, lo que les convertía en apreciados magos, hechiceros y sanadores. Parece que estas uniones siempre implicaban la resolución de algún acertijo por una de las dos partes o la realización de una hazaña aparentemente imposible, tras lo cual ambos vivirían felices por el resto de sus días... Al menos así lo narra la mayoría de las historias y tradiciones sobre este tipo de amores, aunque también hay otras que advierten del peligro de

Los poderes mágicos de los elfos

La magia de los elfos está profundamente vinculada con la naturaleza etérea de estos seres, con su sabiduría ancestral y su relación especial con el mundo natural. Estos poderes les otorgan una ventaja única en la mayoría de las historias y les permiten cumplir roles cruciales como guardianes, curanderos y protectores de los secretos del universo. Esta posesión de un conocimiento arcano y antiguo sobre la magia, las estrellas, la historia del mundo y las fuerzas cósmicas, que se transmite de generación en generación, es la base de sus poderes mágicos.

estas situaciones, pues si un elfo macho se obsesiona con alguna mujer humana, no cejará en su empeño de seducirla por todos los medios, a pesar de que ella se resista.

Uno de los más notables es su magia curativa, que les permite sanar heridas físicas y emocionales, aliviando el sufrimiento o purificando el alma. Incluso algunas leyendas les atribuyen la capacidad de resucitar a los muertos en casos muy excepcionales. Para ello es necesario poseer unas excepcionales habilidades mentales y psíquicas, que no solo emplean en la curación, sino también para leer las mentes, influir en los pensamientos de otras criaturas o manipular su voluntad. Por ejemplo, en las obras de Tolkien, los elfos muestran una gran empatía y capacidad para comunicarse sin palabras, lo que les permite establecer un vínculo emocional y mental con otras criaturas.

Algunas tradiciones y relatos también mencionan que los elfos tienen el poder de volverse invisibles o camuflarse completamente con su entorno, lo que les permite moverse sin ser detectados, una capacidad especialmente útil cuando necesitan protegerse o evitar el contacto con los humanos y otras criaturas. Así mismo, son capaces de manipular el flujo del tiempo, alterando su percepción, o de abrir portales para viajar entre diferentes mundos y dimensiones.

Amantes de la música

Cuenta la mitología nórdica que a los elfos les gustaba estar en armonía con la naturaleza e interpretar melodías inspiradas en el canto de las aves, el sonido del agua de un arroyo o el ulular del viento entre las hojas de los árboles, y que para ello utilizaban instrumentos que ellos mismos creaban. Y es que estas criaturas mágicas poseían muy buen oído musical y una gran capacidad de aprendizaje, que también empleaban en memorizar y dominar rápidamente cualquier lenguaje.

Número: 5.

Estación y momento del día: primavera y amanecer.

Piedras y minerales: ágata dendrítica y azul, aragonito, aventurina, crisoberilo, cuarzo transparente, estaurolita, ópalo, sodalita, topacio azul, turmalina azul.

Animales: águila, ratonero, halcón, cóndor, albatros, gaviota, gacela, luciérnaga.

Plantas: violeta, verbena, anémona, tomillo, anís, milenrama, lavanda, menta, mejorana, helecho, sándalo, avellano, arce, aliso, cedro, roble, acacia, castaño, álamo, bambú, bergamota, retama.

HADAS
Etéreas e invisibles

· · · · · ·

Simbología: magia y fantasía

Atributos: apariencia de mujer,
alas brillantes

Poderes: protección
de la naturaleza, hechizos
y maldiciones, modificación
del destino

Entre lo divino y lo humano

Las hadas son criaturas mágicas y fantásticas, espíritus de la naturaleza, capaces de moverse con enorme rapidez entre el mundo humano y el reino de lo sobrenatural, encarnando como ningún otro ser elemental nuestra fascinación por lo mágico, lo desconocido y lo trascendental. Tienen la capacidad de influir en el mundo que las rodea, ya sea otorgando dones, haciendo predicciones y adivinando los pensamientos, o transformando a las personas, los animales o las cosas. A menudo se las representa con el aspecto de mujeres hermosas, diminutas y etéreas, dotadas de alas brillantes y delicadas, expresión amable y risueña, y voz musical, visibles a voluntad, y con una larguísima vida.

Su origen parece remontarse a la mitología celta, en la que se menciona a las hadas como descendientes de antiguos dioses que habitaban en un reino subterráneo o en un mundo paralelo, desde donde podían interactuar con los mortales. En ese contexto, las hadas eran consideradas como seres místicos que se manifestaban a los ojos humanos en forma de luz o sombra. Con el paso del tiempo, se fueron alejando de su origen divino para convertirse en entidades vinculadas al mundo natural, aunque con poderes mágicos.

También se sugiere que su origen podría estar vinculado con antiguos cultos o ritos paganos, especialmente aquellos relacionados con la fertilidad, la luna y la agricultura. En estos contextos, las hadas representarían las fuerzas invisibles de la vida y la muerte, encargadas de guiar el ciclo natural de la existencia. Durante la Edad Media la figura del hada se refleja en la *Dama del Lago* de Chrétien de Troyes, pero la palabra *hada* no se usa hasta el siglo XIV.

Los poderes mágicos de las hadas

Las hadas son seres misteriosos y fascinantes cuyas habilidades mágicas emanan de su profunda conexión con la naturaleza, por lo que sus poderes suelen verse potenciados en lugares sagrados, como bosques encantados, praderas o jardines secretos. Aunque la finalidad de su magia varía según el carácter del hada, pudiendo ser benévola, traviesa o incluso maligna. En la mayoría de los relatos se asegura que son capaces de controlar los elementos naturales, como el viento, el agua, el fuego o la tierra, aunque su mayor o menor influencia sobre cada uno de ellos depende del tipo de hada. También poseen la habilidad de alterar el tiempo atmosférico o de comunicarse con los animales, hablando con ellos, entendiendo sus pensamientos o encargándoles algunas tareas para ayudarlas.

Otro de sus poderes más fascinantes es el de lanzar hechizos, que pueden ser de transformación, cambiando la forma de las personas, los animales o los objetos, de protección, creando barreras mágicas alrededor de sus seres queridos, sus hogares o sus territorios, o pueden ser maldiciones devastadoras, que traigan la mala suerte o el sufrimiento. Para contrarrestar, también hay hadas que, gracias a un conocimiento profundo de

RITUAL PARA LA LUNA DEL LOBO

El primer plenilunio del año se conoce como «Luna del lobo». Es un momento cargado de simbolismo que permite una conexión más estrecha con las fuerzas de la naturaleza. El siguiente ritual de purificación se realiza durante esas noches mágicas.

PROCEDIMIENTO

Materiales: una vela blanca, incienso, un atado de lavanda, un cuenco de agua con sal, un cristal de limpieza energética (cuarzo blanco, amatista o selenita), papel y bolígrafo, cerillas.

Paso 1: busca un lugar tranquilo donde puedas concentrarte sin interrupciones, dibuja mentalmente un círculo de protección a tu alrededor, enciende la vela y siente cómo su luz llena el círculo a tu alrededor.

las hierbas y las plantas, tienen la capacidad de crear pociones curativas para sanar heridas, aliviar el dolor, restaurar la salud y curar las afficciones. No menos importante es su poder para alterar el tiempo y el espacio, detener el paso de las horas, viajar hacia el pasado o el futuro, o moverse a través de dimensiones paralelas que conectan con otros mundos y planos de existencia.

En cuanto a la relación de las hadas con los seres humanos se puede decir que es ambigua, pues mientras que algunas están dispuestas a ayudarles, otras son más reservadas y pueden ser peligrosas si se les molesta o se rompen los pactos establecidos. También tienen la capacidad de volverse invisibles a sus ojos para pasar inadvertidas, espiar o simplemente moverse sin ser detectadas, incluso pueden transformarse en otras criaturas o en seres de naturaleza completamente diferentes, como animales, luces o árboles. Otra de sus habilidades mágicas relacionada con los seres humanos es la de crear ilusiones y alterar la percepción, haciendo que algo parezca diferente de lo que realmente es, o engañando a los sentidos para guiar a las personas por caminos equivocados para proteger sus propios secretos.

Banshees o hadas de la muerte

Procedentes del folclore irlandés, estas hadas son espíritus femeninos que se aparecían a las personas para anunciarles el fallecimiento de algún pariente cercano por medio de llantos o gritos penetrantes. A veces no eran visibles y solo se escuchaba su lamento, mientras que en otras ocasiones, aunque se materializaban, permanecían en el exterior de la casa, deambulando por los alrededores o sentadas sobre un muro. Se las representaba con largos y abundantes cabellos, a menudo de color blanco y vestidos etéreos blancos o grises que se iban difuminando hacia los pies. La banshee más famosa fue Aibhill, que en 1014 se apareció al rey Brian Boru para anunciarle que al día siguiente moriría en la batalla de Clontarf.

Tipos de hadas

Las hadas del aire son las que acabamos de describir como espíritus etéreos, invisibles o casi intangibles, vinculadas a los vientos, las nubes y los cielos, conocidas por su agilidad y rapidez al desplazarse y asociadas con la libertad, la inspiración y la creatividad. Las hadas del agua se vinculan con los lagos, los ríos, las fuentes o el mar, y sus poderes están asociados con la purificación y la transformación. Las hadas del fuego se relacionan con la energía y la pasión, tanto física como emocional, y sus poderes enlazan con la transformación y la renovación. Las hadas de tierra se encuentran profundamente conectadas con los bosques, las montañas y las plantas, protegiendo esos entornos naturales. Relacionadas con ellas están las hadas de las estaciones. El hada de la primavera es una criatura vibrante y llena de vida, encargada de hacer brotar las flores y dar comienzo al renacer de la tierra; la del verano es símbolo de abundancia y calor; la del otoño se asocia con la plenitud y la recogida de los frutos, mientras que la del invierno representa el periodo de descanso de la naturaleza.

Las hadas de los sueños son seres que habitan entre el mundo de los vivos y el de los muertos, facilitando el acceso a otros planos de existencia a través del sueño. A menudo se les considera guías o mensajeras, ya que se cree que pueden traer visiones proféticas o mensajes del más allá. Más inquietantes y misteriosas son las hadas de la oscuridad, asociadas con la noche, la luna y todo lo oculto, que pueden actuar como guías de los muertos o como guardianas de los misterios que deben permanecer ocultos.

Lamias y mouras

La mitología vasca cuenta con sus propias hadas, las lamias, unos espíritus femeninos de pies palmeados, como los de un pato, y largos cabellos que cuidan con peines de oro. La mitología gallega y asturiana menciona a las mouras o xanas, que son hadas de extraordinaria belleza, pero que suelen secuestrar a los bebés humanos y sustituirlos por los suyos propios para que los amamante su madre adoptiva, y les enseñe a hablar y las costumbres de los seres humanos.

Paso 2: enciende el incienso para que purifique el espacio; mientras, repite: «luz y claridad me rodean, toda energía densa se disuelve».

Paso 3: sumerge el atado de lavanda en el cuenco con agua salada; moja tus manos en él y con ellas, tu rostro.

Paso 4: sitúa el cristal de limpieza energética cerca de tu corazón y visualiza cómo van desapareciendo los bloqueos y la energía negativa.

Paso 5: escribe en el papel lo que desees dejar ir, ya sean emociones, pensamientos o situaciones limitantes.

Paso 6: quema el papel con la llama de la vela blanca y, mientras se reduce a cenizas, repite: «lo dejo ir, lo libero y abro espacio para la luz y la paz».

Paso 7: apaga la vela y el incienso mientras agradeces al poder mágico de la naturaleza su ayuda para purificarte; finalmente, visualiza cómo el círculo de luz a tu alrededor se va disolviendo.

NINFAS CELESTES

Guardianas del cielo

· · · · · · · · · · · · · · · · ·

Simbología: belleza y misterio del universo
Atributos: jóvenes, hermosas, etéreas
Poderes: control sobre el viento, los astros y las nubes, equilibrio cósmico, sanación

Vinculadas con el cielo y los astros

En general, las ninfas son deidades menores asociadas con la naturaleza, la belleza y los elementos naturales; en el caso particular de las ninfas celestes, esa vinculación se establece con el firmamento, el sol, la luna y las estrellas, entendiéndose que actúan como guardianas de los cielos y de las fuerzas invisibles que gobiernan el universo y personifican los elementos celestes. Estas ninfas a menudo se representan como jóvenes hermosas, radiantes y etéreas, reflejando la naturaleza sublime del cielo, y se las asocia con la pureza y la luz celestial, desempeñando un importante papel en la creación de las constelaciones, el movimiento de los cuerpos celestes y la protección de los dioses del cielo. Incluso se piensa que ostentan el poder de influir en el destino de los mortales o en las fuerzas cósmicas. En la literatura y las artes visuales, suelen mostrarse cubiertas con vestidos ligeros o translúcidos que parecen fluir como el aire, y desempeñan su rol como figuras benévolas y protectoras que buscan el equilibrio entre el mundo físico y el espiritual.

Su simbolismo está profundamente conectado con los elementos etéreos y lo intangible, su esencia refleja la vastedad del cielo y el misterio del universo, simbolizando también la conexión entre el mundo terrenal y lo divino, de modo que sirven como intermediarias entre los dioses y los humanos. En definitiva, las ninfas celestes representan la fascinación por lo inalcanzable y lo sublime del cielo, simbolizando tanto la belleza como el misterio de las fuerzas cósmicas que rigen el universo.

Los poderes mágicos de las ninfas celestes

Estas entidades místicas están asociadas a la luz, la energía cósmica y el equilibrio del cosmos, y poseen poderes mágicos que les permiten influir en los eventos cósmicos y espirituales. Las ninfas celestes velan por el orden universal, sirviendo de guía con su magia radiante y su sabiduría cósmica, y sus poderes, aunque sutiles, resultan fundamentales para el equilibrio de todas las cosas y para la armonía entre los mundos.

Como seres elementales del aire, tienen la capacidad de manipular los vientos cósmicos, las estrellas y las nubes, controlando la luz y las tormentas que surgen del éter. Son capaces de generar lluvias de meteoritos, alterar la gravedad en ciertos lugares y crear fenómenos luminosos, como las auroras, que envían mensajes al mundo terrenal. Gracias a su conexión con el cosmos, también pueden afectar al tiempo de manera sutil, acelerándolo o ralentizándolo para crear momentos de calma eterna o de fugacidad indescriptible. Además, tienen la habilidad de abrir portales

RITUAL DE LIMPIEZA DE GEMAS CON AIRE

Periódicamente, las gemas de protección deben someterse a un ritual de limpieza para eliminar las malas energías que hayan acumulado. Para lograrlo, son muy eficaces los rituales de aire con salvia o con palo santo.

LIMPIEZA DE AIRE CON SALVIA

La salvia es un elemento purificador y limpiador que atrae una energía de paz y amor.

Paso 1: necesitarás un manojo de salvia, cerillas, un cuenco y un abanico o una pluma para esparcir su aroma por el aire.

Paso 2: coloca el manojo de salvia en el cuenco y enciéndelo; aviva bien el fuego.

Paso 3: cuando ya se haya quemado casi todo el manojo y la llama comience a desaparecer, sostén sobre el cuenco la gema que desees limpiar y aventa el humo hacia ella con ayuda de un abanico o una pluma.

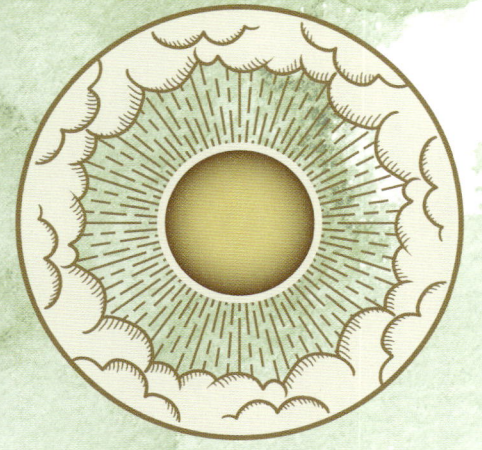

entre diferentes dimensiones, viajando de un plano astral a otro a su voluntad. Esto último les ofrece la posibilidad de tener visiones de los futuros posibles, de percibir las líneas del destino y la influencia de los astros sobre las decisiones humanas, ofreciendo consejos sabios y una guía de conducta a quienes respetan su poder.

La presencia de las ninfas celestes se acompaña siempre de una energía que purifica todo lo que toca. Su aura de serenidad y armonía puede calmar los corazones inquietos y ofrecer paz a los que se sienten perdidos en el caos. Su magia de luz resplandece de tal forma que quienes se acercan a ellas sienten

una profunda conexión con el cosmos y la naturaleza divina. Y también poseen el don de sanar física, mental y espiritualmente tanto a los seres mortales como a otras criaturas mágicas, pues su poder curativo proviene de la energía astral y las vibraciones de los astros; se dice que un toque de sus manos o una mirada bastan para sanar heridas o enfermedades.

Las auras, ninfas de las brisas

El nombre de estas criaturas mitológicas deriva del griego αὔρα, que significa literalmente «viento suave» o «brisa», lo que refleja su estrecha relación con ese fenómeno natural. Eran hijas de los cuatro dioses del viento: Boreas, el dios del viento del norte; Noto, dios del viento del sur; Euro, del viento del este; y Céfiro, del viento del oeste. Al igual que el resto de las ninfas celestes, las auras se describen como jóvenes de belleza etérea y liviana, en este caso asociadas a la frescura y la suavidad del viento, representando una forma suave y gentil de la fuerza del aire, un tipo de espíritus elementales que existen en armonía con las estaciones, la naturaleza y la

El mito de Frixo y Hele

Néfele era una ninfa casada con Atamante, el rey de Beocia, con quien tuvo dos hijos mellizos, Frixo y su hermana Hele. Cuando estos eran jóvenes, el rey repudió a Néfele para casarse con Ino. Desde el primer momento, la segunda esposa de Atamante odió a los mellizos y urdió una trama para deshacerse de ellos: tostó todas las semillas del reino para que no germinasen y hubiese una gran hambruna, y sobornó al oráculo para que, cuando fueran a consultarle los campesinos sobre el modo de acabar con sus males, dijera que todo se solucionaría con el sacrificio de Frixo. Pero Néfele se enteró del malvado ardid de Ino y para proteger a sus hijos les envió un carnero dorado y volador en el que podrían escapar. Subidos en él huyeron a la Cólquida, donde deberían sacrificar al carnero en honor a Ares. Pero solo llegó Frixo, pues Hele se mareó durante el viaje y cayó al mar.

vida cotidiana. Estas ninfas son un símbolo o un recordatorio de las fuerzas suaves pero poderosas de la naturaleza, que a menudo resultan invisibles, pero que tienen gran importancia para el equilibrio del mundo.

Las néfeles, ninfas de las nubes

Estas ninfas personifican la esencia misma de las nubes como elementos errantes en la bóveda celeste y engendradoras de lluvia. Se dice que las néfeles eran hijas del padre Océano y que ascendían hacia los cielos portando cántaros de agua que habían llenado en el inmenso río que circundaba toda la Tierra. Cuando llegaban a lo más alto, dejaban caer el líquido en forma de lluvia para hacer crecer los frutos y vivificar la naturaleza.

Las néfeles, al ser representaciones de las nubes, simbolizan el misterio, lo intangible, y la naturaleza efímera de la existencia. Su conexión con el aire y la atmósfera las convierte en figuras cambiantes, invisibles y etéreas, que tienen el poder de la lluvia y simbolizan la purificación a través del agua. Pero también simbolizan la confusión pues, al igual que las nubes oscurecen la luz del sol y alteran la percepción del paisaje, su presencia recuerda que la vida está llena de momentos de oscuridad y de luz, de claridad y de desconcierto, y que los seres humanos debemos navegar entre estos cambios para encontrar el equilibrio.

Paso 4: mientras lo haces, concéntrate en el motivo por el que estás realizando este ritual y visualiza cómo el humo arrastra todo de lo que te quieras desprender.

LIMPIEZA DE AIRE CON PALO SANTO

El palo santo es, sobre todo, un elemento equilibrante de energías, que expulsa las negativas y atrae las positivas.

Paso 1: necesitarás un palo santo, cerillas, un cuenco y un abanico o una pluma para esparcir su aroma por el aire.

Paso 2: coloca el palo santo en el cuenco y enciéndelo; aviva bien el fuego.

Paso 3: cuando la llama comience a desaparecer, sostén sobre el cuenco la gema que desees limpiar y mueve el humo hacia ella con ayuda de un abanico o una pluma.

Paso 4: sumérgete en tu propósito y visualiza cómo se va produciendo la transformación.

NINFAS DE LAS ESTRELLAS
Luz y guía espiritual

· · · · · · · · · · · · · · ·

Simbología: belleza y divinidad del cosmos

Atributos: belleza resplandeciente y etérea

Poderes: vinculación con el destino, mediación entre lo terrenal y lo divino

Las asterias

Según la tradición griega, las ninfas de las estrellas son las asterias, un nombre que refleja su estrecha vinculación con el cielo y los astros, con la luz celestial, la noche y los cuerpos celestes, siendo frecuentemente asociadas con la belleza y la divinidad del cosmos. Su origen es incierto, pues mientras que algunos relatos las consideran hijas de los titanes, una poderosa raza de deidades que gobernaron el mundo antes que Zeus, otros aseguran que eran hijas de Astreo, el dios de la astrología, y de Eos, la diosa del amanecer. Pero sea cual sea su origen, las asterias siempre aparecen asociadas a la luz de los astros, el cielo estrellado y la influencia cósmica. Ellas son las responsables de la creación de ciertos fenómenos estelares, como las lluvias de meteoros o los destellos de las estrellas fugaces, que a menudo se interpretan como señales divinas o como momentos de transformación para quienes las observan.

Estas ninfas son criaturas hermosas y etéreas, con una apariencia radiante y resplandeciente, como si su ser estuviera hecho de luz estelar, pues simbolizan la belleza del cielo, la pureza y el poder sutil del cosmos. Y su conexión con el cosmos y las estrellas también las vinculaba con el destino de los seres humanos, guiándoles con su sabiduría celestial cuando están perdidos en la oscuridad, y actuando como mediadoras entre el mundo terrenal y lo divino. Su esencia está ligada al misterio de la noche y actúan como guardianas de los conocimientos ocultos de las estrellas y el destino.

Este grupo de ninfas del cielo abarca a otras entidades cósmicas, como las hespérides, las híades y las pléyades.

Las ninfas hespérides

Estas criaturas se consideran las ninfas del atardecer, hijas, según algunos relatos, de Atlas, el titán que sostenía el cielo sobre sus hombros, y de Hesperis, una de las diosas relacionadas con la noche y el ocaso. Como descendientes de un titán, las hespérides forman parte integrante de una genealogía divina que las conecta tanto con los dioses olímpicos como con las fuerzas cósmicas primordiales. Tradicionalmente han sido consideradas unos seres sabios y enigmáticos que poseen un conocimiento profundo sobre las fuerzas de la naturaleza y el destino de los mortales, simbolizando la protección de los secretos divinos. Su existencia, estrechamente ligada al mito griego del jardín divino de las manzanas de oro, refleja que las recompensas más grandes, ya sea la sabiduría, el poder o la inmortalidad, solo pueden alcanzarse a través del sacrificio, la valentía y la superación de las dificultades.

Al igual que las gemas, las plantas, los aceites o el incienso, las velas son uno de los elementos básicos para cualquier ritual. Pero debemos ser cuidadosos a la hora de elegir su color, ya que cada uno emite un tipo diferente de energía, que intensificará o reducirá la eficacia del procedimiento.

Violeta: es el color de la espiritualidad y la meditación; ayuda a eliminar tensiones, por lo que resulta apropiado para rituales que ayuden a encontrar la paz mental.

Blanca: simboliza luz, espiritualidad y paz; es apropiada para los rituales de protección y purificación.

Azul: simboliza la inspiración, clarividencia y sabiduría; su energía vibratoria favorece la protección y precepción extrasensorial.

Verde: su simbolismo de equilibrio, esperanza, éxito y abundancia lo hacen apropiado para los rituales de salud y la prosperidad en los negocios.

El jardín de las Hespérides

Según la mitología griega, cuando la diosa Hera se desposó con Zeus, Gea, la diosa primigenia que representaba a la madre tierra, le ofreció como regalo de boda un manzano que producía mágicos frutos dorados que concedían la inmortalidad a quien los poseyera. Hera, agradecida, lo plantó en su espléndido jardín, un hermoso lugar donde brotaban manantiales de néctar, y encomendó su cuidado a las hespérides, que eran las ninfas del atardecer. Pero Hera no acababa de confiar en ellas, pues sospechaba que en ocasiones recolectaban las manzanas doradas para ellas mismas. Por eso, también dejó otro guardián en su jardín: un dragón de cien cabezas llamado Ladón.

Las híades, entre el aire y el agua

En la mitología griega, estas ninfas eran hijas del titán Atlas y de Pleione, una oceánide, lo que las conecta con el mundo del agua, y hermanas de las Pléyades, otro grupo de ninfas celestes asociadas con las estrellas. Esta serie de conexiones vincula a las ninfas híades con el cielo y la tierra, el sol y la lluvia, los astros y el mundo natural. Cuentan las leyendas que era un grupo de cinco ninfas llamadas Fésile, Corónide, Cleea, Feo y Eudora, cuya presencia en el cielo anunciaba la llegada de la lluvia, que en realidad eran las lágrimas que ellas vertían por la trágica muerte de su hermano Hías, al que mató una serpiente mientras cazaba en Libia. Se dice que los dioses, conmovidos por su dolor, decidieron hacerles un lugar en el cielo y las transformaron en estrellas, las que ahora conocemos como con el nombre de cúmulo estelar de las Híades, próximo a la constelación de Tauro y uno de los más cercanos al Sistema Solar. La aparición de este cúmulo estelar se asocia con las lluvias primaverales, un regalo de la naturaleza esencial para el crecimiento de las cosechas y la prosperidad de la tierra, y, al mismo tiempo, una representación de la naturaleza cíclica de la existencia, que es un ciclo eterno de vida, muerte y renacimiento. La historia de las híades refleja que la tristeza y la pérdida pueden ser transformadas en algo productivo y positivo y pone en evidencia la estrecha relación existente entre los elementos naturales agua y aire, así como la influencia de las estrellas sobre las estaciones.

Las ninfas pléyades

Eran siete hermanas que según la mitología griega se relacionaban con el cielo y las estrellas. Forman un cúmulo estelar visible durante la primavera, compuesto por estrellas brillantes, llamadas Maya, Celeno, Alcione, Electra, Estérope, Taigete y Mérope. Se trataba de unas jóvenes de gran belleza de las que se enamoró el cazador Orión, que las perseguía sin cesar. Desesperadas por su acoso, suplicaron a Zeus que las protegiera y este las transformó primero en palomas para que pudieran huir al cielo y, una vez allí, en estrellas. La constelación se asocia con la llegada de la primavera, el renacer, el crecimiento y la fertilidad de la tierra, además de con el amor familiar.

Las apsaras

En la mitología hindú existen unas ninfas celestiales que se pueden comparar con las de la mitología griega. Se trata de la apsaras, unas jóvenes de gran belleza que eran hijas de Brahma, el dios creador del hinduismo. Estas ninfas divinas y etéreas se consideraban las siervas y las bailarinas de los dioses. Se decía que con sus movimientos gráciles y hermosos atraían la alegría y la armonía al mundo.

Amarillo: la creatividad, la comunicación y la energía son las principales cualidades de este color, por lo que resulta aconsejable en rituales que aumenten nuestra inteligencia para hallar soluciones o fuerza para superar obstáculos.

Naranja: es el color de la buena suerte y los nuevos comienzos; se usa en rituales de crecimiento personal y en los que se desee promover el éxito.

Rojo: tradicionalmente simboliza la pasión, la vitalidad y la fuerza de voluntad; las velas de este color se emplean en rituales de fertilidad, amor y pasión, y en los que busquen la protección contra el mal de ojo.

Rosa: es el color del afecto y el romanticismo, por lo que resulta apropiado en rituales de amor y amistad, así como en aquellos dirigidos a curar heridas psíquicas.

Negro: al contrario de lo que pudiera pensarse, es un color de protección, muy eficaz en los rituales que buscan aumentar nuestra seguridad, alejar el mal de ojo y a las personas tóxicas.

SÍLFIDES Y SILFOS

Efímeros e intangibles

Simbología: la liviandad del aire, la libertad

Atributos: belleza, formas etéreas, sabiduría

Poderes: dominio de vientos y tormentas, inspiración, claridad mental, equilibrio interior

Seres sutiles

Las sílfides son seres mitológicos, criaturas elementales del aire que provienen de la tradición alquímica y de las leyendas populares, especialmente europeas. El primero que las mencionó en sus escritos fue Paracelso, un renombrado médico y alquimista del siglo XVI, quien las describió como seres inmateriales que habitaban en la atmósfera y tenían la capacidad de moverse con gran rapidez y agilidad, como si pudieran mezclarse con el viento. A las sílfides se las representaba generalmente como mujeres etéreas, bellas y gráciles, a menudo asociadas con la ligereza y la transparencia del aire. Se cree que tenían una apariencia casi incorpórea, con cuerpos alargados y transparentes, como si estuvieran hechos de aire, que parecían desvanecerse y transformarse en viento a medida que se desplazaban. La versión masculina recibía el nombre de silfo, pero tenían las mismas características. En cuanto a su carácter, en algunos relatos se les atribuye una naturaleza amable y sabia, mientras que en otros aparecen como seres caprichosos o difíciles de comprender.

Con el paso del tiempo, tanto las sílfides como los silfos han sido interpretados de una manera más simbólica. Su conexión con el aire asocia a estos seres con el intelecto, la comunicación, la claridad mental y el pensamiento racional, entendiéndose como representaciones de la mente sutil, la creatividad o la inspiración que viene de lugares inesperados, y que, como el viento, tienen la capacidad de traer nuevas ideas, pero también de dispersarlas rápidamente. En resumen, son un símbolo de lo efímero y lo intangible, pero también de lo inspirador y lo transformador.

Sus poderes mágicos

Las sílfides y los silfos, como guardianes del aire, poseen una amplia variedad de poderes mágicos que reflejan su conexión con el viento, la mente y la naturaleza, y les convierte en seres poderosos en el dominio de lo invisible, lo intangible y lo inmaterial. Desde su capacidad para controlar las corrientes de aire hasta su talento para influir en los pensamientos y las emociones de los seres humanos, estas criaturas mitológicas representan una fuerza invisible pero poderosa en el mundo natural y espiritual. A través de su magia no solo afectan al clima y el destino, sino que también inspiran y guían a las personas en su búsqueda de la claridad, la creatividad y el equilibrio emocional.

Si hablamos de sus habilidades sobrenaturales para influir en los elementos, lo primero a considerar es su dominio absoluto sobre el aire y los vientos. Se cree que son capaces de controlar desde las suaves brisas hasta las tempestades más feroces, de crear tormentas, dispersar las nubes y, en definitiva, manipular el clima. Pero más importantes aún son sus capacidades para influir en la mente, el pensamiento y las emociones de los seres humanos. Las sílfides y los silfos son fuentes de inspiración y creatividad, y pueden aliviar las mentes agobiadas, otorgando claridad y calma en momentos de confusión o estrés. En el ámbito mágico, se les considera criaturas capaces de sanar a nivel espiritual y mental, purificando las energías y eliminando la negatividad, el estrés y las malas vibraciones para restaurar la paz y el equilibrio interior.

RITUAL PARA LOGRAR EL EQUILIBRIO EMOCIONAL

Con un cristal de cuarzo ahumado, una vela o una varita de incienso y 15 minutos libres, puedes realizar un sencillo ritual con el que promover tu armonía y bienestar emocional. La tarde o la noche son los mejores momentos para hacerlo.

Paso 1: busca un lugar tranquilo y enciende una vela o una varita de incienso. Siéntate en una postura cómoda, cierra los ojos y respira profundamente.

Paso 2: sostén el cristal de cuarzo en tus manos y visualiza una luz calmante que emana de él y te rodea como un halo de energía positiva.

Paso 3: visualiza cómo esa energía asciende en espiral por tu cuerpo, desde la cintura hasta la cabeza, y cómo desciende después hasta tus pies.

Paso 4: repite el movimiento anterior tres veces mientras dices: «mi mente está clara y mis emociones están en paz».

Paso 5: permanece unos minutos sumergida en esa nueva paz. Agradece a la piedra su ayuda y colócala en algún lugar de la casa donde puedas verla y volver a tocarla si es necesario.

SERES ELEMENTALES DEL AGUA

Un reino líquido

Los seres elementales del agua son entidades mitológicas y espirituales que se asocian con ese elemento en cualquiera de sus formas, ya sean mares, ríos, lagos o cascadas, y que poseen la capacidad de controlarla y manipularla, ya que mantienen una conexión energética muy profunda con ella. Su poder no solo se manifiesta en el control físico del agua, sino también en los aspectos anímicos y espirituales, ya que este elemento está íntimamente vinculado con las emociones y los sentimientos humanos, con la purificación y la regeneración.

Aunque cada cultura y cada tradición da diferentes nombres a los seres elementales de este mundo líquido, existen una serie de características y atributos que son comunes a todas ellas. Así, la mayoría de estos seres aparecen representados como de género femenino y gran belleza, con una simbología íntimamente ligada con la fuerza indomable del agua, con su capacidad para dar vida, destruir y transformar, pero también con sensa-ciones de paz, serenidad y fluidez, así como con su energía refrescante y revitalizante.

Otros de sus poderes y habilidades son los de la purificación y la sanación, tanto del cuerpo como de la mente y del alma, pues la energía del agua nos ayuda a lograr el equilibrio. En numerosos mitos se mencionan ciertos manantiales sagrados en los que habitan elementales que pueden contribuir a restaurar la vitalidad o aliviar el dolor de los seres humanos. El agua, a menudo, es un reflejo de las emociones humanas y por eso, los seres elementales que la habitan tienen la capacidad de influir en los estados anímicos de las personas calmando una mente agitada y liberando las emociones reprimidas; aunque, en algunos casos, cuando se trata de elementales más oscuros, también existe la posibilidad de que manipulen los sentimientos humanos para provocar tristeza, miedo o desesperación.

En algunas leyendas y mitos, los seres elementales del agua mantienen una relación simbiótica con otras entidades elementales, como las de fuego, aire o tierra. Esta interacción puede ser armoniosa y crear equilibrio, o conflictiva, como las luchas de agua y viento en las tormentas. Por eso debemos estar siempre muy atentos e invocar su ayuda con humildad y respeto, reconociendo el enorme poder de estos seres.

Principales elementales del agua

En muchas culturas europeas, los seres elementales del agua más influyentes son las nereidas y las sirenas, ambas representadas como seres mitad mujer y mitad pez, ambas habitantes del mar pero con poderes opuestos, ya que, mientras las primeras eran espíritus amables y generosos, las segundas constituían un auténtico peligro para los navegantes. También protagonistas de muchas leyendas son las náyades u ondinas, ninfas de los cuerpos de agua dulce que se representan como bellas mujeres con el poder de sanar o hechizar a los mortales.

Provenientes de la mitología celta y nórdica, están las merrows, que eran parecidas a las sirenas, y las selkies, características de Escocia, que eran hombres y especialmente mujeres que podían mudar su piel y adquirir el aspecto de una foca; contaban las leyendas que si alguien encontraba esa piel de foca, podía exigir obediencia ciega al selkie que

la había perdido. También las asrai, pequeñas hadas de aspecto delicado y frágil que no podían exponerse a la luz del sol, pues se derretían y se convertían en un charco de agua.

En las mitologías china y japonesa existen dragones acuáticos que custodiaban mares, ríos y lagos y se consideraban símbolos de la fuerza primordial y la sabiduría, algunos benevolentes y peligrosos y temibles. Relacionado con estos dragones está un monstruo procedente de la tradición judeo-cristiana, el Leviatán, un ser gigantesco que simbolizaba la fuerza desbordante y destructiva del océano.

Sprites, duendecillos del agua, tritones, elfos y trolls acuáticos completarían este amplio catálogo de entidades elementales que tenían la capacidad de otorgar deseos o de castigar a los seres humanos que acudían hasta ellos.

Conectar con los seres elementales de agua

Cuando necesitemos conectar con nuestros sentimientos o fomentar nuestra creatividad, podemos invocar a los seres elementales del agua con este sencillo ritual para el que solo precisamos contar con alguna ofrenda simbólica, como unas flores o unas piedras, que deberemos situar cerca de alguna masa de agua en señal de nuestro respeto y gratitud porque nos atiendan.

Primero tendremos que buscar un lugar que nos ofrezca calma y tranquilidad, que nos permita relajarnos, siempre cerca de alguna fuente de agua, aunque sea un pequeño surtidor en un jardín. Para lograr la conexión dejaremos que nuestra mente fluya y evoque un entorno acuático, escuchando el rumor de las olas del mar o el suave sonido del discurrir de un río entre las piedras del cauce. Entonces nos abriremos a la energía sanadora de estos seres mágicos y mantendremos una silenciosa conversación con ellos, expresando nuestras dudas o peticiones y agradeciendo su ayuda y su guía, siempre con el máximo respeto hacia su poder.

NEREIDAS
Espíritus femeninos amables

Simbología: lo bello y amable del mar

Atributos: belleza, seducción, compasión

Poderes: profecía, capacidad de transformación

Diosas de la belleza

Cuenta la mitología griega que Nereo, un benévolo dios marino, se unió con Doris, una oceánide de hermosos cabellos, y de ese enlace nacieron 50 encantadoras criaturas, las nereidas. Se las representaba como mujeres con cola de pez, poseedoras de gran belleza y largos y ondulados cabellos que arreglaban con peines de coral, con un carácter amable y dulce y una voz delicada y melodiosa. Habitaban en las aguas marinas, en palacios de cristal, acompañadas de delfines, tortugas y otros animales acuáticos a cuyos lomos subían para llegar a la superficie.

Las nereidas simbolizaban todo lo bueno y positivo que se puede encontrar en el mar. Su canto lograba calmar el ímpetu de las olas y las violentas ráfagas de los vientos marinos, y atraía a los marineros para guiarles en su travesía hasta un puerto seguro. Además, como su padre Nereo, nunca mentían ni olvidaban, lo veían y lo sabían todo, tanto el pasado como el presente y el futuro, por lo que poseían el don de la profecía y constituían un vínculo entre la vida y la muerte. Igual que otras deidades marinas, también poseían la capacidad de transformarse y adoptar la apariencia de cosas y seres muy diversos.

Los poderes mágicos de las nereidas

Los griegos creían en los poderes mágicos de estas ninfas de las olas y las adoraban en altares construidos en acantilados y en la orilla del mar, en los que realizaban ofrendas de leche, aceite y miel para ganarse sus favores. Más tarde, los romanos siguieron con el culto a esos espíritus guardianes de las aguas.

Estas defensoras del océano poseían unos poderes tan profundos como las aguas que habitaban. Algunos de los más destacados eran:

- **Control sobre las aguas.** Las nereidas podían mover las olas a su antojo, moldeando el mar según sus deseos, aunque siempre con el objetivo de lograr la seguridad y el bienestar para todos aquellos navegantes que las surcasen.

- **Sanación mágica.** Otra de sus habilidades era la capacidad de sanar a los heridos. Al ser criaturas vinculadas al agua, usaban las propiedades curativas del mar para restaurar la fuerza perdida. Se decía que sus lágrimas podían sanar heridas graves y su canto tenía el poder de aliviar el dolor físico y emocional de aquellos que las escuchaban.

- **Canto melodioso.** Ya hemos mencionado que las nereidas eran famosas por sus voces maravillosas. Su canto tenía un poder hipnótico, capaz de atraer a los navegantes o de tranquilizar a los monstruos marinos.

- **Forma cambiante.** Al igual que las aguas del océano, las nereidas tenían la capacidad de cambiar su forma, pudiendo transformarse en criaturas acuáticas, como delfines o peces, o adoptar la apariencia de hermosas mujeres para interactuar con los seres humanos. Esta habilidad les permitía moverse sin dificultad en el mundo terrestre o en el mar, y siempre les otorgaba una ventaja cuando se enfrentaban a cualquier amenaza.

- **Protección y guía.** Las nereidas también eran protectoras. En muchas historias mitológicas, las nereidas

INVOCAR EL PODER DEL AGUA

Simbología: fuerza vital y purificadora.

Poderes: amistad, bienestar, compasión, creatividad, adivinación, empatía, fuerza interior, intuición, renovación, sensualidad, espiritualidad.

Elemento y energía: femenino y yin.

Chakras: sacro y corazón.

Colores: blanco, plata, gris, azul, índigo, lila, violeta, púrpura, turquesa, verde agua.

Signos del zodiaco: Cáncer, Escorpio y Piscis.

Astros asociados: Luna, Mercurio, Neptuno, Saturno y Plutón.

ayudaban a los héroes a encontrar su camino o a escapar de situaciones peligrosas, usando su magia para iluminar el camino o para brindarles fuerzas en los momentos más oscuros.

¿Qué podemos aprender de las nereidas?

Las nereidas, poderosas y mágicas, nos enseñan una lección importante: el equilibrio. El agua puede ser tranquila y pacífica, pero también puede ser feroz y destructiva. Como ellas, todos tenemos un poder interior que puede ser usado para el bien o el mal, dependiendo de cómo elegimos manejarlo. El mar, con su belleza y su misterio, simboliza tanto la calma como la tormenta dentro de nosotros mismos.

Estas guardianas del océano también nos muestran la importancia de cuidar lo que amamos y, al igual que ellas protegen el mar y todo aquel que se aventure en él, nosotros debemos proteger nuestro planeta. El agua, la naturaleza y todos los seres vivos dependen de nuestra capacidad para respetar y preservar el mundo que compartimos. Nos invitan a reflexionar sobre la relación entre los seres humanos y el mundo natural.

A través de sus poderes, podemos aprender sobre el respeto, la protección y el uso responsable de nuestras propias habilidades. Quizás, al igual que las nereidas, todos tenemos algo de magia dentro de nosotros esperando ser descubierta.

El juicio de las nereidas

Este episodio de la mitología griega narra el castigo que sufrió Casiopea, reina de Etiopía, por jactarse de que su belleza era superior a la de las nereidas. Estas, indignadas, acudieron a quejarse ante Poseidón, el dios supremo del mar, que airado, envió al monstruo marino Ceto para que desvastase el país. Queriendo evitar la tragedia, Casiopea consultó con un oráculo, que le indicó la única forma de calmar la ira del dios: sacrificar a su hija Andrómeda. Así, la princesa fue encadenada a una roca al borde del mar para que Ceto la devorase. Pero el héroe Perseo, enamorado de la joven, se enfrentó al monstruo y lo mató, liberando a la inocente Andrómeda de su triste suerte. Con lo que no contaban era con que Poseidón no iba a permitir que la orgullosa reina quedase sin castigo: la ató a una silla, la subió a la esfera celeste y la situó en una posición en la que tuviera que rotar la mitad del tiempo con la cabeza hacia abajo. La constelación de Casiopea tiene la forma de ese trono de castigo.

En otras mitologías

Aunque no con el nombre de nereidas, en otras culturas aparecen seres elementales del agua cuyos poderes mágicos y acciones se pueden comparar con los de las ninfas del mar. Uno de ellos son los sumpall, presentes en la tradición mapuche chilena y argentina. Su aspecto era similar al de las nereidas, ya que su cuerpo era mitad humano y mitad pez, aunque en ocasiones se podían mostrar con apariencia completamente humana y podían ser tanto hombres como mujeres.

Estos sumpall cuidaban las aguas y su poder mágico consistía en llevarse con ellos hasta las profundidades a los seres humanos, que les acompañaban felices y por voluntad propia, fascinados por su amabilidad y sus maravillosas voces. Solo dejaban de ser cordiales y encantadores cuando se encontraban con personas que habían causado algún perjuicio a las aguas; contra ellos ejercían una malévola venganza.

¿Nereidas o sirenas?

En las historias y cuentos populares es muy habitual que se confundan nereidas y sirenas, dado que ambas aparecen representadas con un cuerpo que es mitad mujer y mitad pez, pero en realidad se trata de criaturas diferentes, tanto en lo que se refiere a su simbología como en lo relativo a sus atributos y poderes. Así, mientras que las nereidas personifican todos los aspectos buenos del mar, las sirenas encarnan todos sus riesgos y peligros.

Números: 2 y 7.

Estación y momento del día: otoño y atardecer.

Piedras y minerales: ágata azul, aguamarina, aragonito, alejandrita, amatista, azurita, cuarzo, zafiro, sodalita, turquesa, nácar, perla.

Animales: albatros, ballena, castor, cormorán, sapo, cisne, garza, delfín, cocodrilo, gaviota, nutria, martín pescador, marsopa.

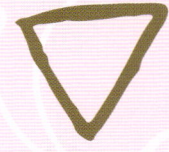

Plantas: aloe, manzanilla, milenrama, amapola, jazmín, mora, lirio de agua, avellana, vainilla, valeriana, olivo, sándalo.

ONDINAS
En busca del amor eterno

Simbología: la divinidad del agua dulce

Atributos: belleza sobrenatural

Poderes: curación, fidelidad, fertilidad

Ninfas del agua

Igual que las nereidas representan los atributos buenos y amables que poseen las aguas del mar, las ondinas o náyades (en la mitología grecorromana) los desempeñan en las aguas dulces, en ríos, arroyos, lagos, manantiales y fuentes. Como sus parientes marinas, las ondinas vivían en palacios bajo el agua custodiando valiosos tesoros y se mostraban ante los humanos como mujeres de extraordinaria hermosura, con largos cabellos y vestiduras que permanecían siempre húmedas, aunque se encontrasen lejos del agua. Y es que este elemento líquido no solo era el medio en el que habitaban, sino que también formaba parte de su propia esencia. Las ondinas nos enseñan que, al igual que el agua, la magia está en todas partes, tanto en la serenidad de un lago como en el flujo constante de la vida misma.

Eran seres amables y generosos, que no dudaban en prestar su ayuda a los seres humanos, y creían firmemente en el amor y en la fidelidad. Su única limitación era que no poseían el don de la inmortalidad y, aunque su vida era muy larga, cuando esta llegaba a su fin o se secaba la fuente de agua en la que vivían, las ondinas desaparecían por completo sin dejar ningún rastro de su existencia. Pero contaban con una posibilidad para burlar ese destino: enamorarse de un hombre, casarse con él y convertirse ellas también en seres mortales. A cambio de la felicidad y la prosperidad que lograba el marido con esta unión, la ondina le exigía fidelidad eterna, la misma que ella mantenía. Era tanta la importancia que concedían a esta condición que si el hombre la incumplía, las ondinas cambiaban su actitud y se convertían en seres peligrosos que no dudaban en vengarse y ocasionar la muerte del infiel.

La magia de las ondinas

Todos sus poderes están ligados, más o menos directamente, con el agua. Así, apoyándose en el poder curativo de este elemento, las ondinas podían sanar heridas, aliviar el dolor e incluso purificar las almas. Su magia fluía a través del agua y, con un toque, eran capaces de devolver la salud a quien lo necesitase. Otra forma habitual de lograr la curación era que el enfermo bebiese del curso de agua en el que habitase la ondina y, más raramente, que se bañase en él, pues no siempre esta lo aceptaba de buen grado y ya hemos visto que cuando este ser elemental se enfadaba, era peligroso.

También se solicitaban sus poderes mágicos para aumentar la fertilidad, tanto de las mujeres como de los cultivos. Era una práctica común que las jóvenes guardasen algunos mechones de pelo de la infancia y, cuando alcanzaban la edad núbil, los arrojasen a la fuente de una ondina. Otra de las habilidades más misteriosas de las ondinas era su capacidad para influir en los sueños y en las emociones de las personas. A través de su canto o incluso con su mirada, podían inducir visiones, crear sueños profundos, inspirar a los poetas o transmitir emociones intensas.

RITUAL DE EQUILIBRIO ENERGÉTICO PARA EL OTOÑO

Los seres elementales de agua están relacionados con el otoño, una estación que propicia la reflexión y la conexión con nuestra energía interior. Este ritual ayuda a lograr un mejor equilibrio entre nuestras energías de luz y de sombra.

Materiales: una vela blanca, una vela de color rojo o negro, un cristal de cuarzo blanco o de selenita, una piedra de azabache o una turmalina negra, rama de salvia blanca, mezcla de aceites esenciales.

PROCEDIMIENTO

Paso 1: colocar separados los materiales de luz (vela y piedra blanca) y los de oscuridad (vela roja o negra y piedra negra).

Paso 2: situar en el lado derecho la vela y la piedra blanca, y en el izquierdo la otra vela roja y la piedra negra. Prender la salvia blanca y purificar el entorno.

Su cara menos amable

Todos los seres, incluso los más amables y generosos, como las ondinas, muestran en ocasiones algunos aspectos menos positivos de su carácter. Ya hemos visto que reaccionaban muy mal ante la infidelidad y tampoco eran muy amables si descubrían a algún ser humano espiándolas sin que previamente ellas les hubiesen concedido permiso para contemplarlas; en esos casos, castigaban al trasgresor con la locura. Lo mismo sucedía si alguien se sumergía en las aguas que les servían de morada, pues ellas las consideraban como parte integrante de su propio ser. El castigo en este caso era el ahogamiento del atrevido que, mientras sentía que sus pulmones se llenaban de agua, podía contemplar cómo las ondinas bailaban una danza macabra a su alrededor.

La maldición de Ondina

Cuenta una leyenda germánica que un día, la bella Ondina, mientras estaba en su mundo de agua, vio acercarse a beber a un apuesto caballero del que quedó perdidamente enamorada y se casó con él. Sabía que corría un gran riesgo, pues si tenían un hijo, su vida se acortaría y envejecería como todos los humanos. Pero Ondina siguió adelante. Durante la ceremonia, el enamorado pronunció sus votos: «que cada aliento que dé mientras estoy despierto sea mi compromiso de amor y fidelidad hacia ti». Al poco tiempo, Ondina dio a luz al hijo de ambos y poco a poco fue envejeciendo y perdiendo su hermosura. El caballero, que antes la adoraba, comenzó a rechazarla y a buscar a otras mujeres. Cuando Ondina lo descubrió y comprobó que había roto su promesa de amor, lo abandonó, pero antes le lanzó su maldición: «Juraste que me serías fiel por cada aliento que dieras estando despierto. Pues para que cumplas tu promesa, solo podrás respirar si no cierras los ojos, pues si alguna vez llegas a dormirte, te quedarás sin aliento y morirás». Y así el caballero quedó condenado a no dormir por nunca jamás.

Paso 3: encender el quemador con los aceites esenciales e invocar a nuestro guía espiritual para saber si los materiales de luz están listos para pasar al lado de la oscuridad y alzarse sobre ella.

Paso 4: continuar concentrados en el proceso del paso anterior, ya que se trata de una fase muy lenta durante la cual se irán difuminando los límites entre los dos campos y nosotros iremos ganando en paz interior.

Paso 5: cuando nos sintamos preparados y plenamente seguros de que los materiales de luz pueden elevarse sobre los de la oscuridad, mover los elementos al lado contrario.

Paso 6: el ritual ha finalizado y por fin podremos disfrutar de ese nuevo equilibrio de nuestras energías interiores.

Algo semejante sucedía si se enamoraban perdidamente de algún joven que se acercase a beber a sus fuentes, pues en su afán por conseguir el amor de un hombre para lograr un alma inmortal, llegaban a secuestrarlo y hundirlo con ellas bajo las aguas, como le ocurrió al hermoso Hilas, que fue raptado por la ondina Efidacia cuando se acercó a la fuente Pegea a coger agua.

Tipos de ondinas o náyades

Según las características de la corriente de agua dulce que habitasen estos mágicos seres elementales, se les daba un nombre más específico. Así, las que vivían en las fuentes y los pozos eran conocidas como crénides o creneas; si se asociaban a manantiales se llamaban pegeas, nombre que tomaron del venero donde raptaron al bello Hilas; finalmente, las ondinas que vivían en los lagos eran las limnades; las de los pantanos y marismas, las heléades; y las de los ríos, las potámides.

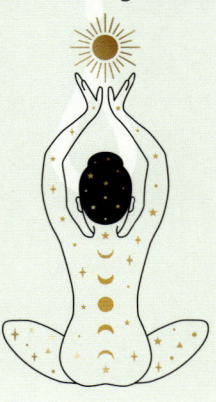

SIRENAS
Una belleza peligrosa

Simbología: vanidad, atracción, peligro

Atributos: belleza, lujuria

Poderes: engaño, canto hipnótico, locura

Seres fascinantes

Las sirenas reúnen en su esencia dos factores que por sí mismos ejercen una peculiar atracción en el imaginario popular: el peligro y lo desconocido. Si a ello se une el misterio que siempre encierra el mar, que es el hogar de estas criaturas míticas, el enorme atractivo de su apariencia y sus asombrosos poderes mágicos, ya contamos con todos los elementos necesarios para convertirlas en protagonistas de innumerables leyendas y cuentos que han perdurado desde los tiempos antiguos hasta la actualidad.

El océano es un vasto espacio donde lo desconocido se mezcla con lo conocido, donde la belleza y el peligro coexisten y ese era el elemento propio de las sirenas, unos seres fascinantes, mitad mujeres y mitad peces, dotadas de una extraordinaria belleza que cuidaban con esmero. Al igual que las nereidas, estaban dotadas de una voz melodiosa con la que entonaban dulces y seductores cantos que atraían a los marineros y despertaban sus pasiones y su deseo, les dejaban carentes de voluntad, en un estado de locura inconsciente, y así les conducían hacia aguas peligrosas o hacia las rocas, provocando irremediablemente su destrucción, el caos y el desastre. Lo que sucedía después, cuando ya habían hechizado a los marineros, no queda claro en ninguno de los mitos. Algunos aseguran que, una vez que los habían destruido, los devoraban; otros, sin embargo, mencionan que los hombres morían de inanición, ya que quedaban embrujados por el sugerente canto de las sirenas,

que les invitaba al placer, y se olvidaban de todo lo que no fueran sus voces. En todo caso, parece que el sacrificio de esos hombres era el peculiar tributo que las sirenas ofrecían a las deidades marinas.

Una imagen inusual de las sirenas

Algo que singulariza a estos seres elementales es que la primera vez que aparecieron en la mitología griega no presentaban el aspecto que se ha descrito antes y que en la actualidad es el más popular. Según los primeros mitos, surgieron de la unión de una de las musas del canto y el baile (Calíope, Terpsícore o Melpómene) con el dios fluvial Aqueloo. Así nacieron unas criaturas relacionadas con el mundo de los muertos, que mostraban un cuerpo de ave recubierto de plumas, y un rostro o un torso de mujer. De ese parentesco con las aves provenía el canto melodioso que embrujaba a los navegantes.

Parece que en sus inicios las sirenas eran bellas ninfas y que su forma alada fue el castigo que recibieron por no proteger a la joven Perséfone, hija de Zeus y Déméter, cuando fue raptada por Hades, el dios del inframundo. Aunque otras versiones cuentan que fueron las propias sirenas las que pidieron a Zeus que les otorgase alas para perseguir al raptor. Finalmente, hay otra leyenda que otorga a Afrodita la responsabilidad del aspecto alado de

PROTECCIÓN CONTRA INFLUENCIAS NEGATIVAS

Hay seres elementales que tienen un carácter maligno, como es el caso de las sirenas, también apodadas las «brujas del mar».

Con el sencillo ritual que se explica a continuación podremos protegernos de cualquier influencia negativa que nos alcance en nuestro entorno.

Materiales: tres velas amarillas y cerillas.

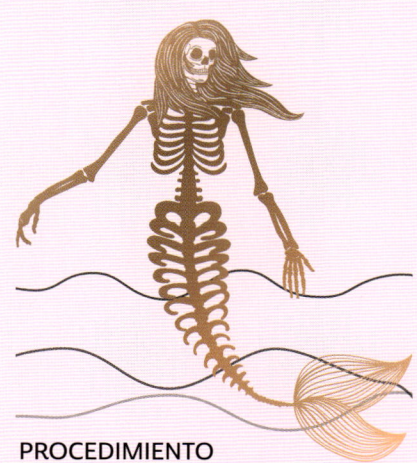

PROCEDIMIENTO

Paso 1: colocar sobre una mesa las tres velas formando un triángulo.

Paso 2: encender las velas con las cerillas, empezando por la que tengamos a la izquierda y siguiendo en el sentido de las agujas del reloj.

las sirenas, que sería un castigo impuesto por la diosa de la sensualidad y el amor a causa de la envidia que le producía la increíble belleza de estas criaturas. Para explicar su posterior cambio de aspecto, es decir, el paso de medio aves a medio peces, también hay que recurrir a otro episodio mitológico. Algunas historias narran que las sirenas aladas retaron a una competición de canto a las musas, y perdieron; como castigo, estas les arrancaron todas las plumas y las desterraron a una isla. Al estar inmersas en ese ambiente marino, su aspecto se fue transformando y adquirieron la cola de pez para moverse con mayor libertad.

Interpretación de sus poderes

La dualidad entre belleza y peligro las ha convertido en prototipos de la maldad, símbolos de la vanidad, las pasiones y la perdición, de las fuerzas interiores y los deseos ocultos. Y es que las cosas que parecen atractivas o fáciles de alcanzar esconden una amenaza real. Hay que ser consciente de los riesgos que conlleva seguir algo solo por su aspecto seductor y cuestionarse todo lo que parezca demasiado bueno. Las sirenas invitan a lanzarse a lo desconocido, a tomar riesgos y explorar lo que está más allá de lo que se ve a simple vista, de ir hacia lo que no podemos controlar. Por eso se las relaciona con las decisiones impulsivas o con las tentaciones.

Uno de los poderes más soprendentes de las sirenas es su canto hipnótico, que puede hechizar a quien lo escucha, llevándolo a dejar todo atrás.

Ulises y las sirenas

En la *Odisea*, se narra cómo Ulises, en su viaje de regreso a casa tras el fin de la guerra de Troya, tuvo que atravesar un territorio habitado por sirenas. La maga Circe ya le había advertido del peligro que entrañaba el canto de esas criaturas, por eso el héroe ordenó a todos los marineros que se taponasen los oídos con cera y que a él le atasen a un mástil de la nave, pero sin cubrirle los oídos, ya que deseaba escuchar ese canto seductor; pero para no sucumbir al hechizo, pidió que, por más que implorase, no le desataran. Con esta artimaña todos sobrevivieron y las sirenas, al ser vencidas, tuvieron que morir o convertirse en roca.

Esto puede verse como una metáfora del impacto que tienen las palabras y las influencias externas, esas ideas, personas o emociones que nos arrastran. Aunque ese canto también puede interpretarse como una llamada interior, la que nos ayuda a descubrirnos, explorar nuestras emociones y comprender nuestra verdadera naturaleza.

Las sirenas en otras mitologías

Las sirenas aparecen a menudo en las diferentes culturas del mundo, aunque no siempre con el mismo significado. Por ejemplo, en Asiria, unos mil años antes de Cristo, ya se menciona a la diosa Atargatis, que tenía forma de sirena pez. También aparece en numerosos relatos chinos antiguos descritas como hermosas mujeres con piel de hada y largos cabellos, cuyas lágrimas se convertían en valiosas perlas y que eran capaces de tejer hermosas y sutiles telas; por eso los pescadores querían atraparlas, pero ellas les despistaban con sus cantos.

En la mitología nórdica las sirenas pueden equipararse con las asradi, que eran hadas acuáticas de aspecto frágil y piel azulada, a las que les gustaba bañarse en las noches de luna llena para captar los reflejos plateados de su luz. Por su parte, en el floclore británico se las menciona como criaturas que traían malos presagios y que podían vivir tanto en el mar como en los ríos y lagos.

Paso 3: a continuación, hay que concentrarse en la llama de cada vela, empezando de nuevo por la de la izquierda, y no pasar a la siguiente hasta que sintamos que nos ha transmitido su energía luminosa.

Paso 4: realizar tres inspiraciones profundas seguidas de otras tantas espiraciones; con ello eliminaremos las influencias negativas que nos rodean.

Paso 5: apagar las velas de una en una, poniendo atención en hacerlo siguiendo el mismo orden en el que hemos efectuado el encendido.

Este sencillo ritual se puede repetir tantas veces como lo creamos necesario.

SERES ELEMENTALES DEL FUEGO

Purificación y renovación

Cuando pensamos en el fuego, la primera idea que acude a nuestra mente seguro que estará relacionada con la destrucción, pero el fuego es mucho más que eso. Se trata de uno de los cuatro elementos fundamentales de la naturaleza, un elemento poderoso y un símbolo de dualidad, ya que es capaz tanto de destruir como de crear. Con poder absoluto y fascinante, reflejo de las fuerzas opuestas, es un componente natural, elemento de sabiduría ancestral que nos puede ayudar a avivar nuestra fortaleza interior, nuestra voluntad y creatividad. Así, el fuego se asocia con el coraje y la pasión, simbolizando la energía que impulsa a las personas a alcanzar sus metas y a enfrentar los desafíos. Las llamas del fuego representan la chispa de la vida, la vitalidad y el espíritu indomable.

Su intensa energía nos abre la mente y el corazón hacia la magia y, aunque su esencia está vinculada a la devastación y el caos, también es un elemento con gran poder de transformación. En el plano físico, el fuego transforma sustancias, convirtiendo los sólidos en gases y líquidos, y descomponiendo la materia orgánica en energía. En el plano simbólico nos encamina hacia una vida más positiva a realizar aquellos cambios que precisemos para favorecer nuestra renovación interior. No hay que olvidar que el poder destructivo es necesario para el equilibrio, ya que de la destrucción surgen nuevas oportunidades de crecimiento. El fuego extermina lo viejo para dar paso a lo nuevo. También ostenta una gran capacidad de purificación, como lo demuestra la práctica de numerosos rituales y ceremonias.

Además, es una fuente primordial de luz y calor, un elemento vital para asegurar la supervivencia física de los seres humanos y, en un sentido más espiritual, para proporcionarles la claridad, la iluminación interior y el despertar de la conciencia. En definitiva, es un principio de la creación-destrucción, un elemento místico y un símbolo tanto de finalización como de nuevos comienzos.

Los seres elementales de fuego

También conocidos como «ignis», son entidades espirituales que personifican la energía y los aspectos fundamentales de ese elemento, como la fuerza ardiente y transformadora. Cada uno de ellos representa una faceta única de este poderoso elemento, con capacidades y roles que varían según las diferentes culturas, pero que siempre están profundamente vinculados con la creatividad, la pasión, la transformación y el poder de la acción. Su influencia se puede percibir en la habilidad de generar nuevas ideas, inspirar cambios y además mantener la energía vital en movimiento. Son guardianes de la voluntad, la energía y la acción, purifican, limpian y disipan la oscuridad y el mal. Los chamanes indígenas invocan a los espíritus del fuego en sus rituales de sanación.

Conectar con los seres elementales de fuego

Cuando deseemos iniciar un nuevo ciclo en nuestra vida o conseguir algún logro que nos lleve a una transformación personal, será muy conveniente conectar con las criaturas de fuego. Para ello, debemos emplear siempre en nuestro ritual algún objeto que represente a ese elemento, como puede ser una vela, tomando todas las precauciones necesarias para que no se produzca un accidente. Como siempre hacemos en cualquier ceremonia de conexión, lo primero será buscar un espacio tranquilo en el que nos sintamos cómodos y relajados. En él colocaremos la vela, o si se trata de una habitación que dispone de chimenea, la encenderemos. Nos sentamos frente a ella, cerramos los ojos y respiramos profundamente para concentrarnos en el calor y la energía que desprenden las llamas. A continuación, visualizamos aquello que deseamos cambiar o el logro a alcanzar y nos concentramos en él. Invocamos a los seres elementales del fuego y les pedimos su ayuda para conseguir nuestro propósito. Les mostramos nuestra gratitud por su apoyo y permanecemos unos minutos más en ese estado de concentración.

DIJNN O GENIOS DEL FUEGO

Seres que eligen su camino

· · · · · · · · · ·

Simbología: poderes sobrenaturales

Atributos: invisibilidad, cambios de forma

Poderes: protección, beneficios, perjuicios, control de la naturaleza

Criaturas poderosas

El origen de los genios como criaturas místicas es un tema fascinante que se ha explorado a lo largo de la historia en mitos, leyendas y tradiciones espirituales. A lo largo de diversas culturas, los genios no solo eran considerados seres extraordinarios por su inteligencia o habilidades, sino que se les atribuían poderes sobrenaturales, un vínculo con el mundo espiritual y una conexión directa con fuerzas divinas o cósmicas. Estos «genios» místicos eran vistos como intermediarios entre el ser humano y lo divino, poseedores de conocimientos secretos y capacidades excepcionales que desafiaban las leyes de la naturaleza.

Los genios como criaturas místicas son el reflejo de la fascinación humana por el conocimiento, la creatividad y el poder. En casi todas las culturas han sido considerados como seres que van más allá de los límites humanos, pues son poseedores de conocimientos secretos y capacidades sobrenaturales que les permiten realizar actos que parecen desafiar las leyes de la naturaleza. Además de poseer gran inteligencia y habilidad, se les han atribuido poderes extraordinarios que les permiten establecer un vínculo con el mundo espiritual y una conexión directa con las fuerzas divinas o cósmicas, desempeñando de este modo un importante papel como intermediarios entre el ser humano y lo divino. Dependiendo de la tradición cultural que se considere, estos genios místicos pueden ser espíritus, deidades o seres inspirados por lo divino, pero siempre representan la búsqueda de lo imposible, de lo trascendental, y nos recuerdan que el conocimiento y la creatividad, en su forma más pura, pueden ser entendidos como un regalo o un don de fuerzas más allá de nuestra comprensión.

Los *djinn* islámicos

El conocimiento más extendido y popular sobre los genios proviene de la Arabia preislámica temprana, más tarde adoptado por la cultura musulmana o islámica. Allí, donde estos genios se conocen como *djinn*, se les considera espíritus invisibles formados por cuerpos sutiles, que pueden hacerse visibles y tienen la capacidad de variar su aspecto a voluntad, adoptando la forma humana o la de cualquier animal, preferentemente escorpiones, serpientes o lagartos. En cuanto a su personalidad, no son criaturas innatamente buenas ni malas, pero sí muy caprichosas y cuyo comportamiento cambia según las circunstancias, teniendo la capacidad de alterar el destino de los seres humanos. Así, pueden otorgar poderes mágicos, ayudar, dar lecciones morales, aportar conocimiento o cumplir los deseos de quienes los invocan, o por el contrario, convertirse en seres peligrosos que hacen enfermar o destruyen a quienes se les acercan o se vengan de quien les agrede. Por eso hay que

Simbología: fuerza creadora y purificadora, elemento de cambio, deseo y pasión.

Poderes: amor, pasión, creatividad, ambición, ira, autoridad, valor, energía, motivación, vida, iluminación, protección, despertar, curación.

Elemento y energía: masculino y yang.

Chakras: plexo solar.

Colores: rojo, carmesí, naranja, rosa, dorado, amarillo, blanco.

Signos del zodiaco: Aries, Leo y Sagitario.

Astros asociados: Sol, Marte y Júpiter.

tratarlos siempre con cautela, pues representan una mezcla de lo divino y lo demoníaco, con un poder incontrolable que puede tanto beneficiar como destruir. Además, hay que tener en cuenta que, aun cuando conceden favores, su magia no es gratuita y siempre suelen exigir algo a cambio, ya sea algo de orden material o emocional.

Los genios romanos

En la tradición de la Roma antigua, y como herencia de los etruscos, se creía en la existencia de unos seres espirituales protectores y habitualmente benéficos conocidos como *genius*. Se trataba de criaturas protectoras que amparaban a los seres humanos desde su nacimiento, pero que, al igual que los *djinn* islámicos, unas veces traían el bien y otras el mal. Para asegurar sus acciones benéficas y alejar el peligro, cada persona adoraba a su genio en un altar situado en el hogar, en el que quemaba incienso como ofrenda, o le ofrecía guirnaldas de flores o libaciones de vino. Los genios no solo acompañaban a los seres humanos, sino que también cada lugar o cada ser vivo poseía su propia criatura poderosa. En todos los casos se les solía representar como seres alados o como jóvenes vestidos con toga y con la cabeza cubierta, o bien como una serpiente que comía una fruta situada frente a ella.

Los poderes mágicos de los genios

A lo largo de los siglos, la mitología, el folclore y la literatura han hecho mención de los poderes mágicos de los genios. Estas criaturas místicas, que trascienden la simple concepción humana, están dotadas de habilidades sobrenaturales que les permiten alterar la realidad, controlar fuerzas invisibles y desafiar las leyes de la naturaleza. Aunque la representación de su aspecto varía entre las diferentes culturas, lo que permanece inmutable es su capacidad para establecer una conexión profunda con el universo, con lo divino y lo cósmico, y su habilidad para realizar actos mágicos, desde conceder deseos o repartir castigos hasta manipular los elementos. Los genios son criaturas que desafían los límites de la realidad y ofrecen a los mortales la posibilidad de cambiar su destino. Sin embargo, como toda magia, el poder de los genios viene con su propio precio, recordándonos que incluso en el mundo místico, todo poder conlleva una responsabilidad.

Genios hindúes

En la mitología hindú se menciona a unos seres divinos conocidos como asuras y devas que compartían atributos con los genios mágicos, ya que podían controlar las fuerzas cósmicas y poseían poderes extraordinarios. En el caso de los asuras se trataba de criaturas demoníacas sedientas de poder, que poseían conocimientos secretos sobre la creación del mundo, la manipulación de la energía divina y la capacidad para alterar el curso de la naturaleza. Los devas, por su parte, usaban su magia para proteger el equilibrio del universo y algunos eran capaces de transformarse, manipular los cinco elementos y curar enfermedades con solo un toque.

Números: 1, 3 y 9.

Estación y momento del día: verano y mediodía.

Piedras y minerales: granate, heliotropo, cornalina, rubí, jaspe rojo, hematita, rodocrosita, turmalina roja, diamante, ópalo de fuego, ámbar, berilo dorado.

Animales: tigre, león, salamandra, serpiente, águila, petirrojo, escorpión, cabra, guacamayo, grulla, mariquita, pavo real, halcón, pájaro carpintero.

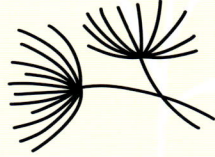

Plantas: eneldo, romero, ruda, menta, albahaca, comino, nuez moscada, clavo, olivo, palmera, aliso, castaño, cedro, clavel, caléndula, granada, hibisco.

DRAGONES
Criaturas universales

• • • • • • • • • • • • • • • •

Simbología: lucha
por el bien o el mal, según la tradición

Atributos: aspecto de reptil, con dos o cuatro
patas, y un par de alas, o con un cuerpo
serpenteante y múltiples garras

Poderes: poderío, sabiduría, misterio

Dos tradiciones opuestas

El origen de los dragones como criaturas con poderes se basa en una fascinante combinación de mitología, leyendas y simbolismos presentes en casi todas las culturas del mundo, aunque es uno de los pocos casos en los que el significado de unos seres míticos varía tanto de unas tradiciones a otras. Así, en la mitología occidental los dragones aparecen representados a menudo como criaturas temibles y destructivas que siembran el caos y la devastación. En los mitos más antiguos se les consideraba devoradores de dioses y generadores de eclipses, que solo calmaban su furia si se les ofrecían doncellas en sacrificio. A ese simbolismo de lucha y de devoradores de dioses y héroes, añadían otro importante papel, que era el de guardianes de tesoros y de lugares u objetos sagrados. Fue, sobre todo, durante la Edad Media cuando alcanzaron mayor notoriedad y se hicieron más populares, aunando la simbología cristiana y las leyendas de caballeros. Entonces eran vistos como la personificación del mal, el pecado, la confusión y la oscuridad, como unos seres malvados que se enfrentaban a héroes valientes y de recta conducta, como San Jorge, y acababan derrotados, simbolizando de ese modo la victoria de la fe y la virtud sobre la maldad.

Por el contrario, en las culturas orientales, especialmente en China, Japón y Corea, los dragones son considerados seres benévolos y poderosos, criaturas de sabiduría y longevidad vinculadas directamente con la naturaleza, la lluvia, los ríos y la fertilidad de la tierra, así como con las fuerzas cósmicas. En China, los dragones fueron desde antiguo símbolos de buena suerte y prosperidad y aún hoy se les considera criaturas protectoras. También se les vinculó con la dinastía y el poder imperial, llegando a considerarse un símbolo exclusivo del emperador y a este como su «hijo». Por su parte, en Japón los dragones también tienen un carácter protector, aunque su simbolismo es más variado, ya que a veces se asocia con espíritus guardianes y otras veces con fuerzas destructivas.

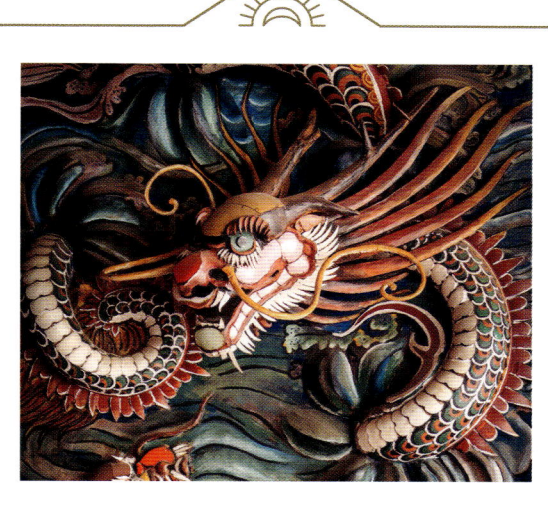

El simbolismo de los dragones

Ya sea como monstruos aterradores o como guardianes divinos, los dragones representan aspectos fundamentales de la naturaleza humana: el deseo de conquistar lo desconocido, el enfrentamiento con los miedos más profundos y la búsqueda de poder y sabiduría. En su forma más arquetípica, simbolizan la dualidad de la naturaleza: el equilibrio entre la vida y la muerte, el orden y el caos, lo bueno y lo malo. A menudo, representan los miedos humanos más primitivos, como la lucha contra el mal o la confrontación con lo desconocido.

En muchas culturas, se les asocia con la sabiduría ancestral y los poderes cósmicos, y en algunas leyendas, el dragón es una representación de la limitación de la mente humana, un obstáculo que debe ser superado para alcanzar la sabiduría y el autoconocimiento.

LOS DRAGONES SEGÚN EL FENG SHUI

En el Feng Shui tradicional, los dragones son seres portadores de fuertes energías yang. Estos animales míticos son capaces de proteger el hogar y de brindar apoyo, protección y buena suerte a las personas.

Simbología: fuerza, prosperidad, protección.

Signo del zodíaco: el dragón representa al signo de Aries, una de cuyas cualidades es su poderosa energía.

En el hogar: para aprovechar sus beneficios como ser protector, conviene situar la figura de un dragón en la habitación donde se reúnan las visitas, pues allí se congregan muchas energías.

En el espacio de trabajo: situar cualquier elemento relacionado con la energía del dragón en el lugar de trabajo para facilitar la generación de ideas.

Poderes mágicos de los dragones

Los dragones han sido símbolos de poder, sabiduría y misterio a lo largo de la historia y su asociación con poderes mágicos ha sido una constante que se ha repetido en las diversas mitologías y leyendas. Estos seres míticos podían ser temidos o adorados, pero siempre producían una especial fascinación por sus habilidades sobrenaturales, que les otorgaban un aura de misticismo. En muchas culturas y tradiciones europeas se les consideraba maestros de los elementos, fuertemente asociados con ellos y con los fenómenos naturales. Esa conexión era particularmente estrecha con el fuego, que podían manipular a su antojo, representando su capacidad para desatar la destrucción y el caos. Relacionado con esto se encuentra otro de los poderes más icónicos de los dragones, que es su aliento mágico, a menudo representado como fuego, pero también como veneno, hielo, rayos o sonidos hipnóticos, dependiendo de la tradición. En la mitología europea, el aliento de fuego del dragón era una de sus habilidades más temidas, pues era capaz de consumir aldeas enteras. Sin embargo, no todos los dragones disparaban fuego. En la mitología nórdica, por ejemplo, existían dragones cuyo aliento está compuesto por veneno mortal que les otorga un poder aún más temido que el del fuego, ya que no solo destruía, sino que corrompía y producía podredumbre en todo lo que se hallaba a su alrededor.

Otro de los poderes mágicos de los dragones era su capacidad para transformar su aspecto y adoptar una apariencia humana o la de otros seres místicos, lo que les permitía infiltrarse en las sociedades humanas para realizar misiones secretas o interactuar con los mortales sin ser reconocidos o para escapar de situaciones peligrosas. Además, parece que algunos tienen también la capacidad de teletransportarse o moverse entre diferentes mundos o dimensiones, pudiendo viajar a través del tiempo y el espacio, a menudo sirviendo como mensajero entre dioses o como protector de portales hacia otros reinos.

Inmortalidad y sabiduría

En muchas tradiciones, los dragones eran considerados criaturas con una longevidad casi infinita, capaces de vivir durante miles de años, por lo que podía entenderse que eran seres inmortales. Esta larga vida se debía no solo a su gran resistencia física, sino también a su profunda conexión con los poderes cósmicos y naturales. También se les atribuían poderes de regeneración, creyendo que eran capaces de curarse de heridas mortales, lo que les proporcionaba una naturaleza inquebrantable.

Más allá de su poder físico y destructivo, esa longevidad otorgaba a los dragones una sabiduría infinita, un conocimiento profundo sobre el universo, el tiempo y los misterios ocultos de la vida y la muerte, convirtiéndoles en guardianes del conocimiento y los secretos antiguos y en fuentes de enseñanza para los seres humanos. Eran seres con un entendimiento profundo, que sabían cómo mantener el equilibrio en el mundo natural, pero que también eran capaces de influir sobre las mentes de otros seres, ya sea controlándolos o comunicándose con ellos telepáticamente, conociendo sus pensamientos e, incluso, llegando a hipnotizarles o a manipular sus emociones.

Color del dragón: el color más propicio es el rojo, cuya simbología es buena suerte en todos los ámbitos.

Orientación de la figura: la dirección más adecuada para aprovechar sus beneficios es hacia el este.

Dragón japonés con perla: si se elige un dragón japonés que sostenga una perla, elemento que significa riqueza y abundancia, conviene situar la figura de cara a la habitación, nunca orientada hacia una puerta o una ventana.

Conectar con la energía del dragón: buscar un lugar tranquilo, adoptar una postura cómoda, realizar respiraciones profundas y despejar la mente de distracciones; visualiza al dragón y a ti mismo, ambos rodeados de una luz cálida y brillante; comunícale tus dudas y espera sus respuestas.

FÉNIX
Símbolo del resurgimiento

Simbología: inmortalidad, regeneración, renovación

Atributos: aspecto de águila, con plumas coloreadas

Poderes: superación de crisis espirituales, paz interior, sabiduría universal

Poderoso simbolismo

El fénix es una figura mitológica con una gran carga espiritual y filosófica. Se describe como un ave mítica, majestuosa y simbólica de la inmortalidad, la regeneración y la renovación. Representa el renacer tras las adversidades, el aprendizaje de los fracasos y la capacidad de renovarse continuamente, aportando esperanza, y también está vinculada a un ciclo de muerte y renacimiento, de perpetuidad, ya que posee la capacidad de resurgir de sus cenizas.

Las primeras referencias a este animal mágico se encuentran en la mitología egipcia, en la que el fénix era conocido como Bennu y se asociaba con el sol, la creación, las crecidas del Nilo y la resurrección. Se decía que era una garza real que había nacido del fuego en el templo de Ra, en Heliópolis, y que se regeneraba al final de su vida, volviendo a nacer a partir de su propio cuerpo o de sus cenizas, lo que simbolizaba el ciclo eterno del sol y la vida. Este concepto de resurgir de las cenizas fue adoptado más tarde por otras culturas, especialmente la grecorromana. Según el historiador griego Heródoto, el fénix vivía cientos de años, pero cuando su vida estaba a punto de llegar a su fin, construía un nido de mirra, incienso o canela, se posaba en él y el nido se encendía en llamas, muriendo el ave. De las cenizas surgía una nueva criatura, un pequeño gusano perfumado que crecía hasta convertirse en un fénix joven, que volaba hacia el templo de Heliópolis para rendir homenaje al dios del Sol, Ra. Este ciclo de muerte y renacimiento reflejaba el eterno retorno y la inmortalidad.

Para el cristianismo, el fénix era símbolo de la resurrección de Cristo y por eso se puede encontrar la

imagen de esta criatura mágica en las primeras tumbas cristianas. También se asociaba con las almas que estaban purificándose y limpiándose de pecados en el purgatorio a través del fuego. Y según se narra en el Génesis, fue el único animal que resistió la tentación de la serpiente en el Jardín del Edén y se negó a probar los frutos del árbol prohibido. Y Dios premió su fidelidad y su obediencia concediéndole los dones de la inmortalidad, el conocimiento profundo, la capacidad curativa y la fortaleza interior, encargándole que los transmitiera a los seres humanos que precisasen de su inspiración.

Los poderes mágicos del ave fénix

A lo largo de la historia, al fénix se le ha otorgado una gran carga de poderes espirituales, que están estrechamente relacionados con conceptos ya expresados de inmortalidad, renacimiento, transformación y purificación. Su poder más relevante es la capacidad para renacer de sus propias cenizas, lo que simboliza la transformación espiritual y la regeneración tras el sufrimiento. Así, el fénix es un símbolo de resiliencia,

RITUAL PARA EL COMIENZO DE UN NUEVO AÑO

El comienzo de un nuevo año trae siempre el deseo de renovarse, de superar decepciones o situaciones de estrés, de resurgir, al igual que el fénix mitológico. El ritual que se describe a continuación es uno de los muchos que favorecen el logro de nuevos propósitos y proporcionan paz interior.

Materiales: salvia blanca, incienso o palosanto, vela y cerillas, papel y bolígrafo o rotulador, figurita votiva Daruma.

PROCEDIMIENTO

Paso 1: escoger el espacio donde se vaya a celebrar el ritual y limpiarlo quemando salvia, incienso o palosanto. Mientras se lleva a cabo, pensar en todo lo que se quiere dejar atrás.

energías negativas y los peligros que acechan al espíritu.

El fénix es un símbolo de inmortalidad, no solo en un sentido físico, sino también en un plano espiritual. Es un recordatorio de que, tras la muerte física, la esencia espiritual persiste y continúa su evolución y su viaje hacia un estado superior de conciencia. Además, se asocia con el conocimiento y la sabiduría superior pues, al atravesar ciclos de muerte y renacimiento, posee una visión trascendental de la vida. Es capaz de ver más allá de las limitaciones terrenales y actúa como un guía espiritual que enseña a aquellos que buscan a comprender los misterios del universo y la naturaleza del alma.

ya que incluso cuando parece que todo se ha perdido, muestra que hay una segunda oportunidad para la renovación espiritual, la superación de las crisis y el despertar interior. Esta capacidad favorece que en muchas culturas se le considere un protector espiritual cuya presencia es un talismán contra las

El ave fénix en las culturas orientales

Hemos hablado del profundo simbolismo que el fénix tiene en las culturas occidentales, pero criaturas mágicas muy similares también aparecen en las tradiciones orientales. Por ejemplo, el fenghuang o «fénix chino» es una figura mítica de la mitología y la cultura china, cuyo origen se remonta a hace más de dos mil años. Generalmente se representa con un aspecto que es el compendio de partes de diversos animales: cara de golondrina, pico de gallo, cuello de serpiente, pechuga de oca, dorso de tortuga y cola de pez. Simboliza la unión del yin y el yang, destacando la importancia de la unidad y el equilibrio entre las fuerzas opuestas. Es un símbolo de armonía, paz y prosperidad, y se cree que su presencia atrae la buena fortuna. También se asocia con la figura mitológica de la diosa madre china, la Emperatriz del Cielo, quien es vista como la figura que encarna la sintonía entre el cielo y la tierra. Finalmente, por los colores vibrantes con los que se suele representar, se le asocia con la belleza, la creatividad y el arte, simbolizando la trascendencia estética y el florecimiento del talento humano.

Por su parte, en Japón cuentan con la figura del aosaginohi, una criatura mítica con forma de garza y plumaje de color azul que solo puede verse de noche, volando por el cielo como si fuera una bola de fuego. Y en el hinduismo y el budismo cuentan con el garuda, representada por una figura antropomórfica que tiene el rostro y el cuerpo humanos y de color dorado, un pico de águila y enormes alas rojas con las que se cuenta que incluso puede llegar a tapar la luz del sol. Esta criatura puede renacer de sus cenizas, al igual que el fénix de la tradición occidental, pero además puede actuar como heraldo de los dioses.

Paso 2: encender la vela para que su luz ilumine el proceso y escribir los nuevos propósitos para el año que comienza.

Paso 3: elegir de la lista el propósito más importante y pensar en él mientras se pinta un ojo en la figurita Daruma, que es un talismán de la buena suerte. Desde ese momento, el ojo vigilará que se cumpla el propósito.

Paso 4: cuando se haya cumplido el propósito, pintar el otro ojo a la figura Daruma.

Repetir todos los pasos con cada propósito, pero concentrándose en ellos de uno en uno.

SALAMANDRAS
El valor de la supervivencia

Simbología: resistencia, fortaleza

Atributos: aspecto similar al del anfibio real

Poderes: renovación, transformación

Vivir entre llamas

A partir de unos animales que existen en la realidad, las salamandras, la tradición de la antigua Grecia creó unos seres elementales de fuego dotados de poderes especiales. El origen de estas criaturas fantásticas y de sus cualidades sobrenaturales quizá estuvo relacionado con su llamativa apariencia, ya que son anfibios de color negro y con manchas de una intensa tonalidad amarilla, y también con su capacidad para sobrevivir en condiciones extremas. Explicar su conexión con el fuego no resulta tan sencillo, aunque probablemente se deba a que, al ser animales nocturnos, suelen pasar el día escondidos bajo troncos de árboles caídos o los montones de leña y al remover estos para encender las hogueras, las salamandras salían huyendo y daban la impresión de «escapar» indemnes de las llamas. Siguiendo con su origen, el primero que hizo referencia a ellas atribuyéndoles un carácter mágico fue Aristóteles, quien aseguraba que podían extinguir cualquier fuego con tan solo pasar por encima del mismo e, incluso, que eran capaces de vivir dentro de las llamas sin resultar dañadas. Esta idea fue secundada por otros estudiosos de la Antigüedad, como Plinio el Viejo, que en su obra *Historia Natural* escribía que las salamandras eran seres tan fríos como el hielo, de ahí que apagasen el fuego, y que, además, expulsaban un líquido ponzoñoso que en contacto con cualquier parte del cuerpo humano, la cubría de lepra. También se aseguraba que envenenaban las aguas de los ríos y los pozos, y que eran capaces de secar los árboles frutales.

Y aunque estas afirmaciones no eran ciertas, contribuyeron a que las salamandras fueran acumulando mala fama y se hicieran un hueco en los bestiarios medievales, que incluían relatos, ilustraciones y descripciones de animales fabulosos dotados de poderes sobrenaturales. Los alquimistas medievales pusieron el contrapunto a estas creencias, ya que consideraban que las salamandras eran símbolos de purificación y transformación, ya que podían soportar el fuego y vivir en él, y algunas leyendas medievales comenzaron a asociarlas con la sabiduría y la protección contra el mal.

El simbolismo de estas criaturas en la mitología europea fue tan influyente que pasaron a la heráldica y así, algunos escudos de armas incluyeron su imagen como representación de resistencia y fortaleza. En definitiva, las salamandras se convirtieron en figuras emblemáticas, a menudo vinculadas con el misterio y lo sobrenatural, con el fuego, el cambio y la regeneración.

Los poderes mágicos de las salamandras

A lo largo de la historia, las salamandras han sido reverenciadas como unos seres capaces de manipular las fuerzas primordiales de la naturaleza y la magia. Teniendo en cuenta la estrecha conexión existente entre esta criatura mágica y el fuego, el primero de los poderes que se le atribuía era su capacidad para controlar todo lo

RITUAL DE PURIFICACIÓN A TRAVÉS DEL FUEGO

El fuego es el elemento purificador por excelencia, que transmuta y transforma todo lo que toca. Con él podemos deshacernos de lo viejo y crear en nuestro interior un espacio limpio que pueda dar cabida a nuevas experiencias. El ritual es muy sencillo y se puede realizar en soledad o en compañía de nuestros seres queridos.

Materiales: recipiente de metal o cristal apto para el fuego, cerillas, papel y bolígrafo.

PROCEDIMIENTO

Paso 1: elegir un espacio despejado en el que el ritual del fuego no suponga un peligro.

Paso 2: tomar conciencia del ambiente que nos rodea y comenzar con los ejercicios de respiración consciente para lograr una buena concentración.

relacionado con las llamas, pero no con un objetivo de destrucción, sino con la versión más mística del fuego como elemento de purificación, transformación y regeneración de todo en algo más puro o valioso. En este sentido, se pensaba que la salamandra podía renacer de sus propias cenizas, como era también el caso del fénix, representando así el ciclo de la muerte y la resurrección.

También se le atribuían poderes curativos y protectores: se consideraba que su esencia era capaz de neutralizar venenos y frenar el avance de determinadas enfermedades, y que quienes la portaban como talismán o la utilizaban en rituales mágicos, recibían protección contra las fuerzas destructivas del fuego y otras energías malignas. Además, algunos textos antiguos describían a la salamandra como una criatura capaz de otorgar visiones o de poseer una sabiduría ancestral, lo que la convertía en un intermediario entre el mundo humano y los misterios cósmicos. Esta asociación con el conocimiento oculto y el poder de transformación hizo que la salamandra fuera adoptada como un símbolo por los magos, los brujos y los alquimistas, que la invocaban para conseguir poderes extraordinarios.

Poderoso significado espiritual

La relación de la salamandra con el fuego, un elemento tan primordial y contradictorio, le otorga un profundo significado espiritual que trasciende las diferentes culturas. En muchas tradiciones espirituales, el fuego es considerado un símbolo de purificación, iluminación y cambio, y la salamandra, como criatura asociada estrechamente con él, representa la capacidad de atravesar el sufrimiento y la destrucción para emerger reno-

Prometeo y las salamandras

En la mitología griega, Prometeo era un titán amigo de los mortales y muy dado a desafiar a los dioses del Olimpo. En una ocasión engañó a Zeus, el padre de todos los dioses, con el reparto de un buey que habían asado y el dios supremo, enfadado, castigó a toda la humanidad prohibiéndole el uso del fuego. Pero Prometeo no lo iba a permitir y decidió robar el fuego para dárselo de nuevo a los hombres. El titán subió hasta el monte Olimpo para llevar a cabo su misión, pero descubrió que el fuego no se hallaba en ese lugar, sino que estaba en las profundidades de la tierra, un lugar inaccesible para él. Las salamandras, que vieron su impotencia, decidieron ayudarle y subieron el fuego hasta la superficie y, de ese modo, Prometeo pudo hacerse con él y entregárselo a los seres humanos.

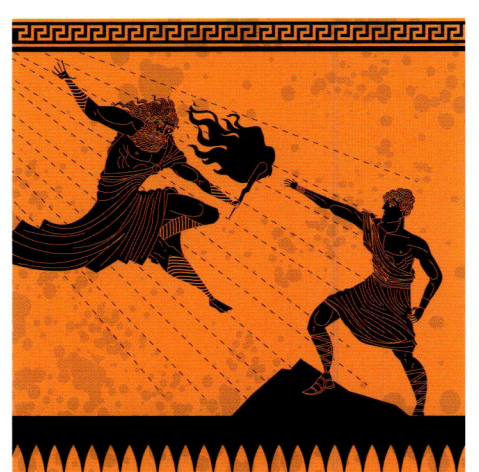

vado. En este sentido, se convierte en un símbolo de regeneración espiritual. Pero este ciclo de muerte y resurrección no solo es un proceso físico, sino también un acto espiritual de transformación interior, en el que se abandona lo viejo para dar paso a lo nuevo. La vinculación de la salamandra con este proceso, la capacita para invitar a la reflexión sobre el crecimiento personal a través de la superación de los desafíos y las adversidades.

Su significado espiritual también está ligado a la purificación del alma. El fuego siempre ha sido considerado un elemento purificador, y por eso la salamandra, como su manifestación física, es capaz de limpiar las impurezas tanto del cuerpo como del espíritu. Al igual que las llamas destruyen lo innecesario, la salamandra nos guía hacia el autoconocimiento y la trascendencia, ayudándonos a liberarnos de las cargas emocionales y espirituales que nos impiden avanzar. Y, además, es un símbolo de protección, pues su capacidad para sobrevivir al fuego la convierte en un talismán de fortaleza y seguridad frente a las adversidades. En el ámbito espiritual, la presencia de la salamandra puede ser interpretada como la de un guardián frente a las energías negativas o destructivas, una criatura mágica que nos protege en el camino hacia el equilibrio interior y el bienestar, y que también desempeña ese papel en los momentos de cambio o transición, ofreciendo su guía y su fuerza a quienes se aventuran en nuevos comienzos.

Paso 3: eliminar cualquier pensamiento o estado de ánimo negativo, relajarse y formular en la mente las intenciones que nos guían para llevar a cabo este ritual.

Paso 4: escribir en un papel una lista con todo aquello que deseemos soltar y eliminar de nuestra vida.

Paso 5: colocar el papel en el recipiente que hayamos elegido para el fuego y quemarlo. Observar el papel mientras arde y respirar profundamente varias veces.

Paso 6: enterrar las cenizas en un lugar alejado de nuestro entorno habitual.

SERES ELEMENTALES DE LA TIERRA

Estabilidad física y espiritual

Hablar del elemento tierra es hacerlo de cualidades y principios relacionados con la estabilidad, la solidez y la conexión con el mundo material. En términos generales, e independientemente de la tradición espiritual o filosófica que consideremos, este elemento se asocia con la base, con lo físico y lo tangible. Representa la materia que da forma al universo, proporcionando la estabilidad necesaria para que todo crezca y se desarrolle. Su energía es la que da soporte al ciclo de los otros elementos, ya que es el que provee la estabilidad necesaria para que puedan existir y fluir armoniosamente.

En términos simbólicos, la tierra también representa la «madre naturaleza», el lugar donde están ancladas nuestras raíces, y al igual que ella es capaz de nutrir y sostener toda forma de vida, y por ello se considera un símbolo de fertilidad y crecimiento. Es el principio que nos mantiene centrados y nos proporciona una base sólida desde la cual podemos crear, construir y expandirnos. En definitiva, el elemento tierra es sinónimo de estabilidad, fertilidad, solidez y conexión con la naturaleza, es en el que nos apoyamos para ganar en sabiduría y salud, es la fuente de la vida y, como tal, desempeña un papel fundamental en nuestra propia creación y sostenimiento.

Principales seres elementales de la tierra

En diversas tradiciones mitológicas, los elementales de tierra son entidades espirituales que se encuentran en la raíz y el origen de todo y son responsables de la energía sustentadora, de la matriz universal, así como de la fertilidad, la estabilidad y la protección del entorno natural. Estas cualidades no se desarrollan por igual en todos los seres mágicos de este elemento. Sí están muy presentes en las ninfas de los bosques, las montañas, las cuevas, los valles y las flores, y también en los gnomos, quizá los más populares, pero en este caso más enfocadas a preservar los secretos y las riquezas de la tierra. Asimismo, en los duendes, traviesos y bromistas, podemos hallar la capacidad de proteger la flora y la fauna, además de ser mensajeros entre el mundo humano y el reino de la tierra. Muy parecidos a gnomos y duendes son los kobolds de la mitología germánica, unos pequeños seres que pueden ser tanto benevolentes como traviesos y, por lo tanto, causar problemas a los seres humanos.

Pero entre los elementales de tierra también hay criaturas de naturaleza muy distinta a la que hemos descrito y que, a pesar de encontrarse estrechamente vinculados con el elemento tierra y su simbología, son seres espirituales que tienden al engaño, la oscuridad y la maldad. Es el caso de los goblins, los orcos y los trolls, todos ellos representados como gigantes o criaturas de aspecto monstruoso.

Conectar con los seres elementales de tierra

Cuando necesitemos encontrar el equilibrio físico, emocional o espiritual, conseguir la armonía en nuestra vida personal o laboral, o sentir que estamos enraizados en algún lugar o situación concreta, será el momento de invocar a los seres elementales de tierra. Es un proceso espiritual que requiere tiempo, dedicación y una actitud abierta, y que solo se puede lograr si realizamos alguna actividad que nos asegure una profunda conexión con la naturaleza y la tierra misma para conseguir la armonía con ella y permitir que su energía fluya a través de nosotros.

El primer paso será estar en sintonía con el entorno natural pasando tiempo al aire libre y manteniendo una actitud receptiva. Debemos respirar profundamente, sentir la textura de la tierra bajo los pies y escuchar el canto de los pájaros y el susurro de los árboles. También conviene realizar alguna ofrenda ritual con elementos naturales, como piedras, flores o hierbas, mientras pedimos permiso para conectar con los seres de la tierra. La meditación y la visualización también son poderosas herramientas para establecer la conexión espiritual con los seres elementales, así como trabajar con cristales y piedras, que tienen una fuerte conexión con la energía de la tierra y pueden actuar como un puente entre nosotros y los seres elementales de la tierra para que nos guíen y nos conecten con su sabiduría.

DUENDES
Espíritus traviesos

Simbología: naturaleza traviesa y bromista

Atributos: muy baja estatura, aspecto humanoide

Poderes: influencia en el destino y los sueños de los seres humanos, transformación de objetos

Seres universales

Si hay unas criaturas mitológicas y fantásticas que hayan trascendido todas las épocas, culturas y tradiciones esos son los duendes. En cada lugar del mundo se les han adjudicado una serie de características propias e, incluso, un nombre diferente, pero siempre manteniendo un patrón muy básico: seres de aspecto humanoide, de muy baja estatura, con las orejas puntiagudas, inteligentes, ágiles y con una personalidad traviesa, bromista y a veces algo maliciosa. En general, se les considera seres inofensivos con la capacidad de volverse invisibles para los hombres, que solo notan su presencia por los ruidos que producen. Esta habilidad les permite moverse sin ser vistos y a menudo la utilizan para espiar o llevar a cabo sus travesuras sin el peligro de ser atrapados. La invisibilidad refleja la naturaleza esquiva y elusiva de los duendes, que prefieren operar en las sombras. Es a partir de estas características fundamentales cuando comienzan las diferencias que establecen las distintas culturas, aunque su origen siempre se encuentra en un crisol de tradiciones antiguas que han dado vida a estos espíritus elementales de magia y misterio que son un fiel reflejo de las inquietudes y la fascinación que produce en los humanos todo lo relacionado con lo desconocido y lo sobrenatural.

Los poderes mágicos de los duendes

En las diversas tradiciones y mitologías, los duendes son conocidos por poseer una variedad de poderes mágicos que los convierte en seres misteriosos, fascinantes, enigmáticos y, a menudo, impredecibles. Aunque su naturaleza y habilidades varían según

Simbología: fundamento de todo, materia fértil.

Poderes: prosperidad, abundancia, riqueza, estabilidad, fertilidad, nutrición corporal y espiritual, racionalidad, equilibrio, jerarquía, resistencia, seguridad.

Elemento y energía: femenino y yin.

Chakras: raíz.

Colores: blanco, verde, marrón, negro.

Signos del zodiaco: Tauro, Virgo y Capricornio.

Astros asociados: Venus, Tierra y Saturno.

la cultura, en general se les atribuye el poder de influir en la suerte y en el destino de los seres humanos, actuando como aliados o como enemigos. Así, atraen la buena fortuna y otorgan riqueza y éxito a quienes se ganan su favor, pero provocan mala suerte o accidentes a aquellos que los desafían o no les muestran el respeto adecuado. En este sentido, algunas leyendas afirman que pueden lograr esos efectos lanzando encantamientos o hechizos para producir prosperidad o causar desdichas. Siguiendo con su interacción con los seres humanos, los duendes tienen la capacidad de entrar en sus sueños, alterándolos y enviando mensajes a través de ellos.

Otro aspecto en el que se refleja su magia es en la capacidad de transformar objetos comunes en otros con propiedades diferentes. Así, pueden convertir piedras ordinarias en tesoros o cambiar la apariencia de las cosas para hacerlas más atractivas o útiles, un poder que se encuentra estrechamente conectado con la personalidad traviesa de los duendes. Pero no solo transforman los objetos, sino que ellos mismos también pueden cambiar de forma y adoptar el aspecto de animales u otros seres, lo que les permite engañar a los seres humanos o gastarles una broma.

En definitiva, estas capacidades que tienen los duendes para manipular la realidad a su alrededor, interactuar con las fuerzas invisibles y jugar con las emociones y los destinos de los seres humanos hacen que se les considere como entidades poderosas que se encuentran en la confluencia entre el mundo visible y el invisible y como una manifestación de las fuerzas que escapan al control humano, recordándonos que hay aspectos del mundo que siguen resultándonos desconocidos y mágicos.

Los duendes en la mitología europea

En Europa, los duendes siempre fueron considerados como espíritus de la naturaleza o seres elementales vinculados a la tierra, con habilidades y características sobrenaturales. Su origen se encuentra estrechamente conectado con las leyendas celtas y germánicas, así como con el folclore medieval. Por ejemplo, en la mitología celta, no se hablaba de duendes, sino de hadar o sidhe, que eran seres pequeños y poderosos que habitaban en las colinas y a menudo interactuaban con los humanos de manera misteriosa. Estos duendes de la tradición celta eran seres mágicos con la capacidad de manipular el entorno, pues se consideraban eran una especie de guardianes del equilibrio natural, y muy a menudo gastaban bromas pesadas a los mortales, pudiendo ser extremadamente vengativos si se les ofendía.

Por su parte, en las mitologías nórdica y germánica, los duendes estaban relacionados con los elfos o los trolls, seres de la naturaleza con los que a veces se les confundía y que, como ellos, podían tener una naturaleza benevolente o malévola. También compartían características con los dvergar o enanos, como su pequeña estatura y su inclinación por la travesura, pero estos eran seres subterráneos que se asociaban con la creación de objetos mágicos. Durante la Edad Media, en las Islas Británicas, se creía firmemente en la existencia real de los duendes, considerándolos una raza de gente pequeña que habitaba en las cuevas o en el subsuelo. También el alquimista suizo Paracelso los nombraba y consideraba que tenían una larga vida, sin ser inmortales, y que a veces se hacían visibles para los niños y para ciertos animales.

Con el paso de los siglos, el significado de los duendes ha ido evolucionando y adaptándose a diferentes contextos, pero sin perder su fascinante halo de seres de leyenda que son capaces de conectar a los seres humanos con el mundo de lo sobrenatural.

Los duendes en América y Asia

El carácter universal de los duendes hace que aparezcan en las tradiciones de muchas culturas. Así, entre las tribus nativas norteamericanas están los pukwudgies, una especie de duendes mágicos que pueden ser benévolos o malvados. En el área cultural mesoamericana se menciona a varios seres muy similares a los duendes europeos, como los aluxes, que habitan y protegen los campos de maíz, o los chaneques, más dados a las travesuras. En Sudamérica también cuentan con sus propios seres mágicos, como el Pombero, o los momoyes y los anchanchos, un tipo de duendes que viven a lo largo de la corfillera andina. Por su parte, en Asia también resultan innumerables las leyendas que mencionan a estos seres mágicos elementales, como los tengus japoneses, que hacen perder la razón a las personas, o los asuang filipinos, que a veces se lleva a los niños que se apartan de sus hogares.

Números: 4, 6 y 8.

Estación y momento del día: invierno y medianoche.

Piedras y minerales: esmeralda, azabache, cuarzo ahumado, rutilo, turmalina, malaquita, ojo de gato, ámbar, amazonita, ágata, jade, peridoto, sal.

Animales: tortuga, antílope, hipopótamo, jaguar, nutria, elefante, ganso, sapo, cocodrilo, libélula, tejón, cabra, perro, búfalo, cuervo, serpiente, topo.

Plantas: jazmín, verbena, prímula, saúco, madreselva, salvia, roble, cedro, olivo, olmo, pino, abeto, fresno, arce, ciprés, magnolio, granado, acebo, enebro.

FAUNOS
Pacíficos y juguetones

Simbología: inocencia, alegría, espíritu juguetón y travieso

Atributos: jóvenes, flauta

Poderes: protección y fertilidad de la naturaleza, emociones y sueños a través de la música

Criaturas de los bosques

El origen de los faunos se encuentra en la mitología romana y tiene raíces profundas en las creencias de la antigua Roma sobre la naturaleza, la fertilidad y los espíritus de los bosques. Estas criaturas mitológicas, que combinaban características humanas y animales, se representaban como adolescentes o jóvenes, siempre de sexo masculino, con la cabeza, el torso y los brazos humanos, pero con patas y pezuñas de cabra, orejas y cuernos caprinos y, a veces, una pequeña cola. Ese aspecto híbrido entre hombre y animal ha llevado a que en numerosas ocasiones se les confunda con los sátiros griegos, pero entre ambos seres existen varias diferencias. La primera de ellas es la edad, pues mientras que los faunos muestran una apariencia juvenil, los sátiros se representan como hombres adultos. La segunda diferencia, más importante que la anterior, se refiere a su carácter, que en los faunos es inocente, alegre, juguetón y travieso, mientras que en los sátiros tiende abiertamente a la lujuria. Para complicar un poco más esta situación, a los faunos también se les confunde habitualmente con el dios griego Pan (el Fauno romano), que era el protector y el guardián de los bosques, los campos y los rebaños. Por eso, a menudo a los faunos se les representa tocando una flauta, igual a la que llevaba la deidad.

Estas criaturas habitaban en los bosques y se encargaban de velar por la fertilidad de la tierra y proteger a todos los seres vivos y a los elementos inanimados de la naturaleza, como las piedras o el agua. Eran amistosos y festivos, simpáticos, de naturaleza juguetona y, a veces, traviesa. Aunque algo tímidos, a menudo se acercaban a los humanos, tanto para gastarles alguna pequeña broma como para advertirles de un peligro, como la cercanía de algún predador que pudiera atacar a los rebaños. En definitiva, se trataba de unos seres apacibles, a los que les gustaba disfrutar de la música y de los sencillos placeres que ofrece la naturaleza.

La magia de los faunos

Al ser unos seres mitológicos estrechamente vinculados con la naturaleza, los poderes mágicos de los faunos reflejaban su conexión profunda con los elementos naturales y su capacidad para moldear el mundo a su alrededor. Estas energías eran una manifestación de su dominio sobre los bosques, los campos y las criaturas que habitaban en ellos, de interactuar con ese mundo natural y manipularlo a su favor. Así, como guardianes y protectores de la tierra y los animales, ostentaban el poder de controlar el florecimiento de las plantas, hacer más prósperas las cosechas o aumentar la fertilidad de los rebaños. Esta vinculación con la fertilidad y la reproducción parece que también se extendía a los seres humanos que les rendían culto en las Faunales, unas fiestas campesinas relacionadas con la primavera y la recolección.

RITUALES PARA EL EQUINOCCIO DE PRIMAVERA

Al igual que los faunos simbolizan la vitalidad de la naturaleza, no hay en el año otra estación que represente mejor el renacer de la luz y la fertilidad que la primavera. Para beneficiarnos de su poderosa energía renovadora, el día del equinoccio podemos realizar alguno de los siguientes rituales.

Altar primaveral: recolecta objetos que simbolicen la primavera, como flores y ramas. Sitúalos en una mesa junto con tus velas aromáticas favoritas y unos cristales de cuarzo. Escribe una lista de intenciones y colócala en el altar. Utilízalo como centro de meditación durante toda la primavera.

Crecimiento espiritual: Escoger una maceta de colores brillantes y plantar en ella varias semillas. Mientras lo hacemos, y también durante todo el periodo que las cuidemos, debemos visualizar nuestro propio crecimiento interior.

Otra de las manifestaciones de su poder la realizaban a través de la música, ya que los faunos poseían una gran habilidad para tocar instrumentos musicales, especialmente la flauta de Pan. Las melodías que producían tenían efectos mágicos sobre los seres humanos y los animales, induciéndoles al sueño, produciendo sensaciones de placer y felicidad, o calmando a las bestias salvajes. Por último, existía la creencia de que los faunos no solo influían sobre lo tangible, sino que también eran guardianes del mundo de los sueños y que su música podía inducir a los mortales a un estado de éxtasis o trance, llevándolos a experimentar visiones o sueños místicos. En resumen, a través del control de los elementos naturales, de la música y de la influencia sobre los sueños, los faunos podían considerarse unas criaturas poderosas.

El dios Pan y la ninfa Siringa

La figura del fauno romano guarda una relación estrecha con el dios griego Pan, que era la deidad de los pastores, las florestas y la música, y tenía una apariencia similar a la de los faunos. Según cuenta una leyenda mitológica, Pan se enamoró de la hermosa ninfa Siringa y la persiguió sin descanso para obtener sus favores. Pero ella, asustada por la apariencia y el desenfreno del dios, le pidió a Zeus que la librara de su acoso y así, cuando Pan estaba a punto de capturarla, Zeus convirtió a Siringa en un cañaveral. El perseguidor, muy enfadado al ver malogradas sus intenciones, cogió las cañas y las rompió en pedazos. Pero, más tarde, arrepentido de su acción, reunió los pedazos que quedaban de su amada Siringa y comenzó a besarlos. Al contacto con las cañas, descubrió que su aliento producía armoniosos sonidos y fue de ese modo como creó un nuevo instrumento musical, una flauta que hasta hoy es conocida como flauta de Pan o siringa.

Limpieza de renovación.: para renovarnos espiritualmente es importante purificarnos y limpiar nuestro entorno de las energías acumuladas. Basta con colocar en un plato varias velas artesanales, vainilla y sándalo. Encendemos las velas por la noche y, mientras arden, recorremos nuestro hogar visualizando nuestros deseos.

Equilibrio entre lo físico y lo espiritual

El significado espiritual de los faunos ha ido adquiriendo diferentes interpretaciones a lo largo del tiempo, pero en general son criaturas que se asocian con la conexión entre el ser humano y la naturaleza, el instinto animal, la vitalidad y la libertad. Simbolizan la energía terrenal, la fertilidad y la celebración de la vida, así como la conexión con el mundo de los instintos. Desde esta perspectiva pueden interpretarse como un recordatorio de la importancia de mantener una relación equilibrada con la naturaleza; en un mundo que cada vez está más alejado de los ritmos naturales, los faunos representan una invitación a reconectar con la tierra, a vivir de manera más libre y auténtica, sin perder de vista el respeto por el entorno.

Además, debido a su apariencia híbrida de hombre y animal, los faunos también simbolizan la dualidad del ser humano, la coexistencia de la razón y la emoción, del espíritu y el cuerpo. Son un claro recordatorio de la importancia que tiene integrar nuestros instintos con la conciencia y de buscar el equilibrio entre lo físico y lo espiritual.

Equilibrio y bienestar: escoger un lugar tranquilo y encender una vela blanca y un quemador con esencia de limón o de sándalo. Cerrar los ojos, respirar lenta y profundamente, y pensar en todo lo bueno que deseamos para nuestra vida, como armonía familiar y laboral. Imaginar que nos rodea un halo blanco y visualizar nuestras metas. Al final, dar gracias por los favores que recibiremos.

GNOMOS
Guardianes subterráneos

Simbología: la magia de la tierra

Atributos: muy pequeños, invisibles

Poderes: manipulación y transformación de piedras y minerales, control de los sueños, invisibilidad, hechizos

El alma de la Tierra

Los gnomos son criaturas míticas que tienen sus raíces en las tradiciones folclóricas de Europa, especialmente en la cultura germánica. Aunque en la antigüedad no existía un concepto exacto de gnomo tal como lo conocemos hoy, sí es cierto que existían figuras similares; por ejemplo, en la mitología clásica griega se menciona a unos pequeños seres espirituales, los kósmoi, que habitaban en las entrañas de la Tierra y que podrían haber sido los inspiradores de estas criaturas. Pero, en realidad, la primera vez que apareció el término «gnomo» fue en el siglo XVI, cuando el alquimista suizo Paracelso lo usó para describir uno de los tipos de espíritus elementales que existían en el mundo. Según su descripción, tenían aspecto de hombres de muy baja estatura, carácter algo huraño y muy esquivos con los seres humanos, que vivían en cuevas subterráneas o bajo las raíces de los árboles. Estaban considerados como entidades poderosas, aunque invisibles, cuya misión era actuar de guardianes de los minerales y los secretos de la Tierra.

A medida que la imagen del gnomo se fue popularizando, especialmente durante los siglos XVIII y XIX, la interpretación de su significado se fue alejando un poco de la visión mística y esotérica de Paracelso para hacerse más entrañable y familiar. Así, especialmente en las historias populares alemanas, los gnomos pasaron a adquirir un carácter bonachón, y a menudo travieso, aunque siempre manteniendo la imagen de seres diminutos y protectores de las minas. Quizá se pueda considerar uno de los seres mágicos que más ha

perdurado en el folclore y la cultura popular global, ya que aún en la actualidad todavía conserva un papel significativo como protagonista de leyendas y relatos, siendo una representación de lo oculto, de lo que está debajo de la superficie, y de la magia inherente a la tierra misma.

Símbolos de conexión mágica con la naturaleza

A lo largo de su historia, los gnomos han simbolizado la conexión con la naturaleza, la tierra y sus misterios, y sus poderes mágicos son un reflejo de esa estrecha relación. Como guardianes subterráneos, uno de sus principales poderes es la capacidad para manipular las piedras y los minerales. Este poder deriva de su vinculación con el elemento tierra, que según los alquimistas medievales, como era Paracelso, constituía uno de los cuatro elementos fundamentales, junto con el fuego, el aire y el agua. En este contexto, los gnomos podían ayudar en la extracción de metales, intervenir en los procesos generales de minería y, según algunas leyendas, transformar minerales comunes en metales preciosos, como el oro o la plata, que escondían bajo tierra para protegerlos de la codicia de los seres humanos. Según algunas leyendas, la estrecha conexión que mantenían los

Atraer o mejorar nuestra suerte, aumentar la riqueza material o gozar de mayor felicidad son deseos que nos ayudarán a tener un futuro más prometedor. Los siguientes rituales son muy sencillos y nos ayudarán a lograr esos objetivos.

Ritual de la prosperidad emocional y financiera. Necesitamos un cristal de cuarzo blanco y una vara de incienso de canela. Sujeta el cuarzo con la mano izquierda, colócalo cerca del corazón y medita sobre lo que deseas conseguir. Encienda el incienso y, sosteniéndolo en la mano derecha, recorre toda la casa.

gnomos con la naturaleza les proporcionaba habilidades telepáticas o de comunicación con los animales, influyendo en su comportamiento, entendiendo sus formas de actuación y contando con ellos para que les ayudasen en sus tareas.

Y parece que su magia no la empleaban solo con los animales, pues se cree que podían intervenir en los sueños de los seres humanos y enviarles visiones o mensajes misteriosos. A través de esa conexión, eran capaces de advertirles de peligros inminentes, mostrarles secretos de la tierra o simplemente brindar-les sabiduría antigua. También accedían a los rincones más escondidos del subconsciente humano. Esta conexión con las personas no solía trasladarse al plano físico, ya que, cuando se encontraban cerca, los gnomos solían volverse invisibles a sus ojos, desapareciendo y moviéndose a través de las grietas de la tierra o entre las sombras. Esta invisibilidad era un mecanismo de protección para evitar a los curiosos, pues si la persona se comportaba de forma digna y respetuosa, los gnomos tenían la capacidad de hacerse visibles. También se protegían con hechizos para crear confusión, causando pequeños accidentes.

Los mouros

En la mitología celta se menciona a unas criaturas, los mouros, que, al igual que los gnomos, habitan bajo tierra, en guaridas y túneles, y su principal ocupación es extraer oro, que guardan celosamente para después convertirlo en hermosas piezas de orfebrería o pagar sus servicios a los seres humanos. Estas criaturas mágicas se suelen representar con la tez oscura y los ojos brillantes. En cuanto a su estatura, no hay unanimidad, ya que algunas historias los describen como criaturas pequeñas, similares a los gnomos, mientras que en otras aparecen como seres gigantescos y con una fuerza sobrehumana. En lo que sí coinciden todas las tradiciones es en remarcar su estrecha conexión con la naturaleza y su importante misión como guardianes de los secretos de la tierra.

Significado espiritual de los gnomos

Desde una perspectiva espiritual, los gnomos son seres elementales que representan la conexión con el plano material, la tierra y lo tangible. Son considerados maestros de la estabilidad, la perseverancia y la paciencia, cualidades necesarias para trabajar en la tierra y con los elementos naturales. Además, se cree que estos pequeños seres tienen una profunda sabiduría sobre el ciclo de la vida, la regeneración y el equilibrio de los ecosistemas. El elemento tierra al que están asociados representa la solidez, la manifestación de ideas en el plano físico y la materialización de los sueños. Este vínculo los convierte en símbolos del trabajo arduo y la dedicación. Su energía les conecta con la protección y la sanación de los lugares, siendo capaces de ayudar a limpiar y purificar ambientes para restaurar la armonía en el espacio de trabajo o en el hogar. También simbolizan la presencia de la magia invisible en lo cotidiano, recordándonos que debemos buscarla en las cosas pequeñas y que no siempre se puede percibir a simple vista. En definitiva, la energía espiritual de estas criaturas nos invita a la sabiduría profunda de la tierra y nos brinda lecciones sobre la paciencia, el trabajo constante y el respeto por el mundo natural.

Ritual para atraer el dinero. Extiende tres puñados de canela en polvo en un plato y coloca en el centro varios cristales de cuarzo. Pon también en el plato una rama de canela y préndela. Mientras humea, medita en el objetivo que deseas conseguir. Después recorre la casa esparciendo un poco de canela en polvo en cada habitación. Conviene realizar este a última hora del día y no eliminar la canela hasta el día siguiente.

Ritual para aumentar la riqueza de forma urgente. Coge un cordón y haz con él un «nudo de bruja»; colócalo bajo el grifo para que el agua elimine las malas energías. Extiende sal negra en un plato blanco y sitúa encima el cordón mojado, déjalo secar. Vuelve a mojarlo al día siguiente para completar su purificación y coloca este amuleto en el lado izquierdo del cuerpo, por ejemplo, dentro de un bolsillo.

GOBLINS
Unos seres inquietantes

Simbología: engaño y burla malévola

Atributos: color verde, orejas puntiagudas

Poderes: conjuros, ilusiones de percepción, manipulación de la mente

Personajes oscuros

El origen de los goblins se remonta a la mitología y el folklore europeo, especialmente en las tradiciones anglosajona, germánica y celta. Su nombre proviene probablemente de la palabra francesa *gobelin*, que se utilizaba para describir a un tipo de duende o espíritu maligno, y que, a su vez, tiene raíces en el término del griego antiguo *kobalos*, que significa «engañador» o «burlón», lo que resalta la naturaleza traviesa y malintencionada de estos seres. Estas criaturas generalmente se describían como seres pequeños, feos, de color verde, con las orejas puntiagudas y rasgos demoníacos, a veces con garras y colmillos, y con una vida extremadamente larga. Los goblins tuvieron un importante protagonismo en las leyendas medievales, en las que eran considerados seres malignos que se escondían en las sombras, en bosques oscuros o en lugares aislados, y que tenían la mala costumbre de robar objetos y llevar a cabo fechorías malévolas, sirviéndose de su capacidad para cambiar de forma y adoptar una apariencia diferente, lo que los convertía en seres muy inquietantes. En general, eran vistos como una representación de los miedos humanos hacia lo desconocido, la oscuridad y la naturaleza salvaje, mezclada con la fascinación que ejerce todo lo relacionado con lo sobrenatural.

Con el paso del tiempo, los goblins fueron adquiriendo diferentes características según los diferentes contextos culturales. Así, en algunos relatos se les presentaba como criaturas malignas y peligrosas, mientras que en otros tenían un papel más cómico o incluso eran personajes que ayudaban a los héroes, aunque manteniendo siempre su esencia traviesa y misteriosa. En la época moderna, estos seres han sido popularizados en la literatura, el cine y los videojuegos; por ejemplo, aparecen en la obra de J.R.R. Tolkien *El hobbit*, en la que representan una de las principales amenazas para los héroes, mientras que en los libros de *Harry Potter* desempeñan un papel importante como guardianes de los bancos mágicos.

Magia, ilusiones y engaños

Los poderes mágicos que se atribuyen a los goblins son muy diversos y abarcan desde la transformación y el control de la naturaleza hasta la hechicería y la creación de objetos mágicos, unas habilidades sobrenaturales que siempre están marcadas por su mente astuta y maliciosa. Su capacidad para cambiar de forma y adoptar la apariencia de otras criaturas es uno de sus poderes más característicos y les permite confundir o manipular a

RITUAL PARA LAS NOCHES DE LUNA NEGRA

Dentro de los ciclos lunares, se denomina Luna Negra a la segunda Luna Nueva, ya que no es visible en el cielo nocturno desde la Tierra. Esta fase lunar propicia la introspección, la renovación interior y la liberación de energías ocultas. Por eso resulta el momento idóneo para evocar vidas pasadas.

Materiales: baraja de cartas de tarot, velas y cerillas, quemador de incienso, cuaderno y bolígrafo.

PROCEDIMIENTO

Paso 1: reúne todos los materiales en una mesa, apaga la luz de la habitación, enciende las velas y el incienso.

Paso 2: levanta el quemador de incienso y ofrécelo como ofrenda a los guardianes de los registros akáshicos (compendio de todos los acontecimientos, pensamientos y emociones universales).

aquellos que se cruzan en su camino o escapar de situaciones peligrosas. Las formas que adoptan pueden ser tanto grotescas como encantadoras. En cuanto al control sobre la naturaleza que les atribuyen algunas tradiciones, parece que los goblins serían capaces de crear tormentas o nieblas densas, y de controlar o dirigir a los animales para que realicen tareas en su beneficio.

Por último, una de sus habilidades más peligrosas sería de generar ilusiones que confundan la percepción de los seres humanos y les engañen, haciéndoles ver cosas que no están allí o distorsionando la realidad a su favor. Hay relatos populares que narran cómo los goblins usan este poder para embaucar a los viajeros y hacer que se pierdan o para robarles sin que se den cuenta. Esta habilidad, unida a su sigilo, les permite moverse sin ser detectados, entrando y saliendo de los lugares sin dejar rastro, espiando a sus enemigos o acechando a los seres humanos sin que estos se den cuenta de su presencia.

Hechicería y conjuros

Al igual que otros seres mágicos, los goblins también pueden ser expertos hechiceros capaces de lanzar conjuros que afectan a la mente humana, controlando sus pensamientos y sus acciones a distancia o hechizos para maldecir a las personas o hacerles perder su camino. Las consecuencias de esas maldiciones pueden ser muy diversas, desde provocar desdichas o problemas hasta enfermedades físicas o desastres emocionales. Además, su acción es muy poderosa, ya que los goblins poseen habilidades psíquicas, como la telepatía, para leer la mente o inducir algún tipo de comportamiento sin emplear las palabras.

También poseen conocimientos sobre hierbas, pociones y artefactos mágicos o encantados, cuya manipulación les confiere poderes adicionales. Estos objetos pueden ser amuletos o joyas encantadas, u otros elementos creados por ellos mismos mediante la alquimia, ya que son hábiles en la forja de metales mágicos. Habitualmente se trata de dispositivos malditos, que traen mala suerte, enfermedades o desgracias a quienes los posean.

Los goblins coreanos

En la mitología coreana también se menciona a unos seres mágicos similares a los goblins europeos, que tienen poderes sobrenaturales y numerosas habilidades, aunque allí existen diversas versiones de estas criaturas. Algunas tradiciones defienden que los goblins solo aparecen por la noche debido a su feo aspecto y otras dicen que hay dos tipos de goblin según sea su comportamiento, es decir, buenos y malos. También hay otros que creen que los goblins podrían poseer tanto a objetos como a seres humanos. En lo que todas las versiones están de acuerdo es en representar a los goblins como semidioses encargados de juzgar el comportamiento humano, y que lo premia o lo castiga dependiendo de las acciones que se hayan llevado a cabo.

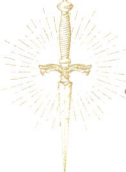

Los hobgoblins

Estas criaturas fantásticas son una raza de goblins de mayor tamaño y más inteligentes, que viven en sociedades estructuradas y jerárquicas. Suelen ser más disciplinados y peligrosos que los goblins comunes, y se presentan como guerreros formidables que luchan en grupo. Se les describe frecuentemente como seres maliciosos, pero no tan malignos como los trolls o los orcos.

Paso 3: mantén la concentración, baraja las cartas pidiendo a los guardianes que te revelen una de tus vidas pasadas.

Paso 4: coloca cinco cartas boca arriba y léelas de izquierda a derecha. La primera indicará la época en la que se vivió esa vida; la segunda, el lugar del mundo; la tercera, la ocupación laboral; la cuarta, la lección que no se aprendió y la quinta, cómo se produjo la muerte.

Paso 5: revisa con atención cada carta y lo primero que se te ocurra al mirarla será la respuesta. Anótalo todo en el cuaderno.

Paso 6: cuando termines, vuelve a agradecer su colaboración a los guardianes de los registros akáshicos.

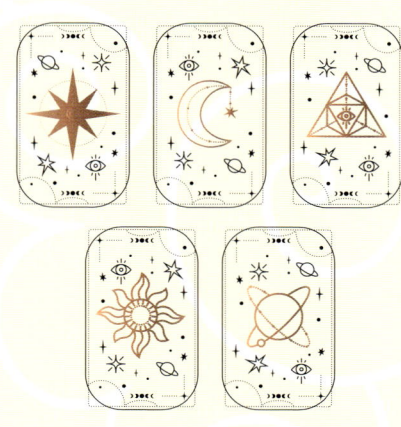

GREMLINS
Caóticos y destructivos

Simbología: caos, travesura, maldad

Atributos: pequeño tamaño, invisible

Poderes: generación de caos y fallos en máquinas y sistemas tecnológicos

Saboteadores experimentados

Desde comienzos del siglo xv y procedentes de la tradición popular de los países de habla inglesa nos llegan los gremlins, unas criaturas mitológicas y fantásticas que tenían un comportamiento muy curioso: disfrutaban estropeando cualquier tipo de maquinaria. Aunque los gremlins no forman parte de una mitología tradicional en el sentido clásico, con el paso del tiempo lograron ir adquiriendo una serie de características comunes a través de su repetición en las historias populares. Se les describía como criaturas pequeñas, con una apariencia algo monstruosa, que disfrutaban causando daño o saboteando las máquinas. Eran entidades invisibles y misteriosas, con un carácter variable que favorecía que a veces se mostraran como entes traviesos que se divertían sembrando el caos a su alrededor, mientras que en otras ocasiones se les atribuía un propósito de maldad pura.

Su leyenda comenzó a crecer y consolidarse en la década de 1920, tras la Primera Guerra Mundial, y se popularizó aún más durante la Segunda Guerra Mundial, cuando los pilotos británicos y estadounidenses adoptaron la palabra *gremlin* para justificar fallos inexplicables en las aeronaves que no podían ser atribuidos a errores humanos o a fallos técnicos evidentes. Tanto los pilotos de combate como otros miembros del personal militar empezaron a decir que estos fallos eran causados por pequeños seres traviesos que saboteaban sus aviones. En definitiva, estos «espíritus de la maquinaria» se acabaron convirtiendo en los responsables perfectos para que los seres humanos dieran una explicación lógica a los fenómenos inexplicables.

Pero la historia de los gremlins no quedó circunscrita al mundo de la avión y al ámbito militar, sino que se hizo tan popular que con el tiempo la fueron adoptando y adaptando en diversos medios de comunicación, manteniendo siempre ese aire de misterio, caos y travesura que define su mito.

Sus poderes mágicos

Las habilidades sobrenaturales de los gremlins siempre reflejan su naturaleza caótica, traviesa y destructiva. Aunque originalmente sus poderes mágicos solo se relacionaban con su capacidad de interferencia en la maquinaria y los fallos tecnológicos, con el tiempo se han ampliado e incluyen, por ejemplo, su capacidad para transformarse de criaturas bondadosas en malvadas, o para cambiar de forma y adoptar diferentes apariencias con el fin de no ser detectados y llevar a cabo sus planes. Además, aunque no todos los relatos lo mencionan, algunos sugieren que los gremlins tienen habilidades psíquicas o mentales que les permiten influir en los seres humanos o en otros seres vivos. Estos poderes incluyen el control de la mente, la capacidad de sembrar el caos mediante el miedo o la ira, e incluso, a veces, la habilidad de manipular la percepción de las personas, llevándolas a creer que algo sobrenatural está ocurriendo cuando, en realidad no es así. Todos estos poderes definen su identidad como criaturas mágicas, impredecibles y misteriosas.

LIMPIEZA DE ENERGÍAS EN EL HOGAR

Mantener equilibrada nuestra energía vital es fundamental para gozar de una buena salud física y psíquica. Para ello, nuestro hogar debe estar limpio de energías perjudiciales. Una manera eficaz de eliminarlas es realizando mensualmente alguno de los siguientes rituales.

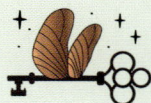

Con velas: las más adecuadas son las velas artesanales hechas con materiales naturales, de color blanco y con aroma a vainilla, canela o sándalo. Hay que encenderlas por la noche y dedicar unos minutos a explicar qué tipo de purificación deseamos a través del fuego. Dejarlas encendidas durante dos horas.

Con sal: antes de empezar el ritual, asear y ordenar la casa. Distribuye la sal en varios cuencos y sitúa cada uno en una habitación. Mantenlos durante tres días.

Con hierbas: las mejores para esta limpieza son la ruda, la manzanilla, el romero y el laurel. Forma ramilletes con ellas, colócalos en varios floreros y distribúyelos por la casa. Déjalos en su lugar durante tres días.

NINFAS DE LOS BOSQUES
Hermosos seres protectores

. . . .

Simbología: pureza espiritual, vitalidad de la naturaleza

Atributos: belleza, inteligencia

Poderes: protección y curación de las criaturas del bosque

Diosas menores

Con el nombre de ninfas se designaba a un amplio grupo de deidades menores que habitaban en la naturaleza, ya fuera en bosques, ríos, mares, montañas, fuentes y árboles, y protegían esos enclaves naturales. Dependiendo del elemento geográfico cuya protección tuvieran asignada, la mitología griega distinguía distintos tipos de ninfas. Tanto las celestes como las acuáticas ya se describieron en su apartado correspondiente de seres elementales del aire y el agua, respectivamente, y aquí solo se tratarán las ninfas de los bosques y las plantas, que son las dríades, las hamedríades y las anthousai.

Todas ellas eran descritas como mujeres hermosas, jóvenes y etéreas, que simbolizan tanto la pureza espiritual como la fertilidad, la belleza y la vitalidad de la naturaleza. Aunque no eran seres inmortales, sí vivían muchos años y no perdían ni su aspecto juvenil ni su gran atractivo por mucho tiempo que transcurriera. Sentían un gran aprecio por la música y el baile y, aunque en las leyendas se las representaba frecuentemente como figuras juguetonas y traviesas, lo cierto es que también poseían una gran inteligencia y una mente rápida e ingeniosa. Por eso acompañaban a los dioses en su séquito y les ayudaban a dirimir sus pleitos con los mortales, influyendo en el destino de estos, favoreciéndoles en algunas ocasiones o castigándoles por sus transgresiones. Hay que señalar que su relación con los seres humanos era bastante ambigua, ya que, a pesar de mostrarse generalmente benevolentes con ellos, también podían ser vengativas si dañaban sus dominios o mostraban faltas de respeto hacia la naturaleza.

Su relación con los dioses no se limitaba a hacer de mediadoras en los juicios, sino que también tenía una faceta más lúdica. Así, eran las compañeras habituales de Artemisa, la diosa de la caza, durante la celebración de los juegos y bailaban alegremente con ella, o también se unían a las delirantes fiestas que organizaba Dionisio, el dios del vino, a las imaginativas aventuras de Hermes, el mensajero de los dioses, o vivían junto al dios Pan en su bucólico refugio en el monte Parnaso. En definitiva, las ninfas eran criaturas encantadoras que, a través del tiempo han continuado simbolizando el misterio, la belleza y la eternidad del mundo natural.

Dríades, las ninfas de los robles

Según la mitología griega, las dríades eran los seres mágicos que habitaban los árboles, especialmente los robles y las encinas, aunque eran ninfas protectoras de todos los tipos de bosques. Su relación con el ecosistema que protegían era tan estrecha y profunda que se decía que si algún árbol del bosque era talado, la dríade moría o sufría profundamente. Su origen está íntimamente ligado a la creación del mundo y a la vida misma. Eran criaturas na-

HIERBAS PODEROSAS PARA LOS RITUALES

Desde las civilizaciones más antiguas hasta la actualidad, las plantas se han empleado para curar o aliviar ciertas dolencias físicas, pero algunas también ejercen su poder a nivel psíquico y espiritual.

Albahaca: atrae la buena suerte, el dinero y el amor; se relaciona con el solsticio de verano.

Aloe vera: purifica el alma y actúa como protector del hogar; se relaciona con el solsticio de invierno.

Hierba luisa: ejerce una acción protectora, ahuyentando las energías y los espíritus negativos.

Jazmín: purifica el ambiente de malas energías, fortalece el espíritu y atrae el éxito y la buena fortuna; se relaciona con la constelación de Piscis.

cidas de la tierra, creadas por las fuerzas divinas para preservar el orden natural y proteger los bosques, asegurando que la vida en el mundo vegetal siguiera su curso. Las primeras leyendas atribuyen su creación a la diosa Gaia, la Madre Tierra, quien, al formar el mundo, también dio vida a muchos espíritus que cuidaban de los elementos naturales, entre ellos, las dríades. Otra versión sobre su origen vincula a las dríades con la diosa Artemisa, quien las habría creado para que fueran guardianas de los bosques y del mundo natural, ayudándola a proteger los territorios salvajes y a garantizar la prosperidad de los bosques.

Sus poderes mágicos emanaban de su conexión profunda y casi divina con el mundo natural que las rodeaba. Así, con un simple gesto o una palabra, podían hacer crecer a los árboles y los arbustos a su antojo e invocar a la lluvia para que fertilizase la tierra. Pero no solo eso, ya que también eran guardianas de la salud de sus protegidos, siendo capaces de sanar los que hubieran sido dañados, asegurándose de mantener el equilibrio natural. También poseían una conexión especial con las criaturas del bosque y, a través de su poder mágico, comunicarse con ellas, invocarlas o incluso pedirles ayuda. Dado que están integradas en la vida forestal, las dríades podían transformarse o disfrazarse de árboles o arbustos para ocultarse de sus enemigos o moverse sin ser vistas por los seres humanos o por otras criaturas. Su habilidad para fusionarse con la naturaleza les permitía obtener energía directamente del entorno que las rodeaba.

El mito de Apolo y Dafne

Cuenta la mitología griega que, Apolo, dios de las artes y la música, se burló del joven Eros cuando le vio jugar con un arco y unas flechas. Enfadado, Eros decidió vengarse. Tomó dos flechas, una de oro con la punta de diamante, que incitaba al amor, y otra de hierro con la punta de plomo, que provocaba odio. Disparó la primera a Apolo, y la segunda a la ninfa Dafne. De ese modo, el dios no dejaba de perseguir a la hermosa ninfa para que se quedara con él, pero ella huía sin cesar. Viendo que acabaría atrapándola, Dafne suplicó a su padre Ladón, el dios-río, que la ayudase y esta la convirtió en laurel: sus pies enraizaron en la tierra, su piel se convirtió en corteza, sus brazos en ramas y su cabello en hojas.

Otras ninfas de los bosques

Otra categoría de ninfas asociadas con los árboles eran las hamadríades, muy similares a las dríades, pero que se diferencian de ellas en que mientras estas protegían todo el bosque y podían vagar libremente por él, las hamadríades estaban asociadas exclusivamente a un árbol en particular. Vinculadas con ellas estaban las dafneas, que eran las ninfas protectoras de los árboles de laurel, las melíades o ninfas de los fresnos y las epimélides, que brindaban su protección a los árboles frutales, especialmente a los manzanos, y lucían una hermosa cabellera blanca, que es el color que tiene la flor de este árbol frutal. Una última categoría sería la de las anthousai, que eran ninfas de las flores, relacionadas con su abundancia y crecimiento.

Las ménades

En los mitos griegos se conocía con este nombre a las ninfas que se ocuparon de la crianza del dios Dioniso. Cuando este dejó atrás la niñez, las ménades no le abandonaron y se convirtieron en seguidoras de su culto; para complacerle participaban en sus fiestas y, bajo los efectos del vino, efectuaban frenéticos rituales de danza que las llevaban a un estado de éxtasis, locura y desvarío en el que se mezclaban el sexo y la violencia. Dejaron de ser unas ninfas alegres y encantadoras para transformarse en unas criaturas delirantes que creían que los rituales dionisíacos eran una experiencia religiosa que les permitía acercarse a la divinidad.

Menta: aporta serenidad espiritual, proporciona fuerza contra las adversidades y atrae el éxito; se relaciona con el planeta Marte.

Orégano: atrae la buena fortuna, la felicidad y la salud; se relaciona con la estrella Vega.

Perejil: propicia las relaciones sociales, laborales y de amistad, y protege de las críticas y la envidia; se relaciona con la Luna llena.

Romero: limpia el ambiente de energías negativas y atrae las positivas; se relaciona con la Luna.

Ruda: protege el hogar y nos libra de visitas indeseadas, atrae el amor y la abundancia; se relaciona con la constelación de Libra.

Salvia: limpia y purifica las energías, y brinda protección espiritual; se relaciona con Júpiter.

NINFAS DE LOS MONTES

Respeto a la naturaleza

Simbología: poder y belleza de la naturaleza
Atributos: juventud, belleza
Poderes: armonía del entorno, sanación

Las oréades

Este nombre, oréades, que proviene de la palabra griega *óros*, que significa «montaña», fue el que la mitología griega dio a las ninfas que protegían y cuidaban las montañas, las colinas, las grutas y los paisajes agrestes, representando la fuerza y la belleza de estos parajes y mostrándose como un reflejo de la conexión entre lo divino y la majestuosidad del entorno natural. Se decía que eran hijas de Hecátero, un personaje oscuro de los mitos griegos, y de una hija de Foroneo, que fue rey del Peloponeso y héroe destacado de las leyendas; de esa unión nacieron cinco hijas que se convertirían en madres de las oréades, los curetes (geniecillos juguetones y traviesos) y los sátiros. Al igual que todas las ninfas, las oréades eran jóvenes y hermosas doncellas de carácter alegre, que disfrutaban con la música y el baile, y a las que les gustaba cuidar mucho su aspecto, incluso se decía que ellas mismas tejían las mágicas telas con las que medio cubrían sus cuerpos.

Su misión principal era actuar como guardianas de sitios naturales y sagrados, protegiendo las montañas y los valles, manteniendo su equilibrio natural y amparando a aquellos que respetaban la naturaleza. Asimismo, hay leyendas que narran cómo estas deidades usaban sus habilidades para evitar la presencia de intrusos, creando barreras mágicas o invocando a criaturas que las defendieran. Pero también eran espíritus bondadosos que asistían a los héroes que transitaban por los paisajes escarpados y que podían guiar a los viajeros perdidos, ya que conocían las rutas más seguras a través de las montañas.

Sus poderes mágicos estaban relacionados con la armonía del entorno, de la naturaleza y los elementos, y profundamente conectados con los ciclos de la tierra, la flora y la fauna. Se decía que podían hacer florecer o marchitar las plantas solo con su mera presencia y parece que también estaban vinculadas con las estaciones y dominaban el clima, siendo capaces de invocar tormentas y de provocar lluvias, nieblas o vientos fuertes en las montañas, afectando a quienes intentaban cruzarlas o invadirlas. Poseían un poder sanador, curaban heridas y aliviaban la fatiga física de todos aquellos viajeros y héroes que se adentraban por sus difíciles dominios montañosos.

La ninfa Eco y Narciso

Existen numerosas leyendas que narran historias de amor y tragedia entre las ninfas y los seres mortales. Una de las más conocidas es la protagonizada por la ninfa Eco, cuyo nombre se debía a la maldición que le lanzó la diosa Hera y que le impedía hablar, solo podía repetir el final de las frases que escuchara. Avergonzada, se refugió en una cueva, pero tuvo la mala fortuna de encontrarse con el joven y bello Narciso y se enamoró de él. El muchacho intentó conversar con ella, pero la ninfa no podía hablar, así que pidió a los animales que hicieran entender a Narciso que lo amaba. Pero el joven se burló de ella y la pobre Eco se refugió en su cueva para morir de pena. La diosa Némesis, que había presenciado todo, decidió castigar al cruel Narciso. Hizo que sintiera una sed acuciante, que se llevó hasta el arroyo donde había conocido a Eco, pero cuando estaba a punto de beber, vio su imagen reflejada en el agua y quedó tan cegado por su propia belleza, que no pudo dejar de contemplarse y acabó muriendo de inanición.

PIEDRAS MÁGICAS PARA LOS RITUALES

La energía que encierran las piedras ha sido apreciada desde la antigüedad, pues es beneficiosa para el cuerpo, la mente y el espíritu, ayuda a mantener la armonía interior e interactúa con los chakras.

Amatista: piedra muy poderosa que es el talismán energético y espiritual por excelencia.

Aventurina: piedra de la felicidad, tanto física como espiritual, que también atrae la abundancia y la riqueza.

Cuarzo transparente: es una piedra de energía, positivismo y protección, que activa los sentimientos positivos y brinda felicidad.

Jade verde: proporciona suerte, amor y armonía, y potencia la serenidad, la sabiduría y la longevidad.

Turmalina negra: cristal de limpieza espiritual y, sobre todo, de protección, que absorbe las energías perjudiciales y las aleja de nosotros.

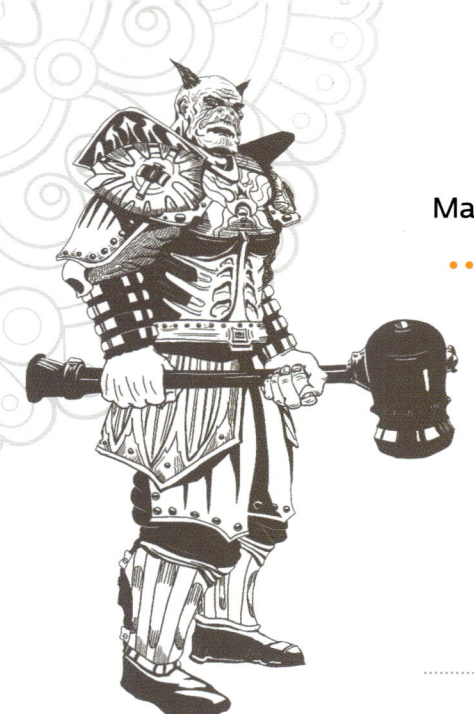

ORCOS
Malvados y peligrosos

Simbología: caos, oscuridad
Atributos: aspecto monstruoso, fuerza descomunal
Poderes: corrupción, maldad

Origen demoníaco

El origen de estas criaturas se remonta a tradiciones y mitos antiguos, particularmente de la mitología europea, aunque no hay una fuente única de la que arranque su leyenda. Rastreando sus raíces parece que una de las primeras veces que se mencionan es en algunas historias míticas celtas y en la mitología romana, donde eran considerados dioses menores del inframundo, demonios cuya misión era castigar a todos aquellos que rompieran un juramento. Eran descritos como seres monstruosos y sin conciencia, relacionados con las fuerzas oscuras, el caos, la deshonestidad y la corrupción. En esencia, se trataba de criaturas malvadas y peligrosas. Basándose en las descripciones de esos mitos, el escritor británico J.R.R. Tolkien los incluyó en su obra *El Señor de los Anillos* y fue con ella como se consolidó la imagen que se tiene en la actualidad de estos seres poderosos, describiéndolos como criaturas guerreras y salvajes, con tendencia a la violencia y la destrucción, de aspecto humanoide, con largos brazos y piernas arqueadas, y la mandíbula inferior prominente, de la que sobresalían unos colmillos muy desarrollados. Eran antipáticos, desagradables y poco inteligentes, aunque se mostraban muy hábiles para crear armas y fortificaciones. Vivían en comunidades lideradas por el individuo más fuerte y tenían hábitos preferentemente nocturnos.

Los poderes mágicos de los orcos

En términos mágicos, los orcos de las primeras leyendas mitológicas no eran especialmente poderosos y su magia, muy limitada, estaba siempre asociada con el control de las fuerzas malignas. En general, no practicaban la magia de forma independiente, sino que debían conectar con los grandes poderes malignos y eran estos quienes, a través de sus propias fuerzas oscuras, afectaban al comportamiento de los orcos, dándoles fuerza, resistencia y malicia. Ya en historias más modernas, la figura de los orcos fue evolucionando y dando lugar a nuevas interpretaciones; así, a menudo se les consideraba poseedores de habilidades para invocar sombras o criaturas tenebrosas, lanzar maldiciones o manipular la energía, pero todo ello relacionado siempre con lo oscuro y lo maligno. También parece que eran capaces de establecer una relación especial con la naturaleza, pero no para protegerla o cultivarla, sino para dominarla o destruirla. Esto les permitía corromper tierras fértiles o alterar el equilibrio natural a su favor. Sin embargo, cualquiera de estos poderes era generalmente mucho más rudimentario que los de otras criaturas humanoides.

Parientes aterradores

Cuando los orcos se cruzaban con ogros, su descendencia recibía el nombre de orogs; eran considerados orcos de élite, muy altos (casi 2 metros), fuertes y excelentes guerreros, por lo que solían encabezar los ejércitos. Por su parte, los mestizos de orcos y seres humanos eran conocidos como semiorcos, ya que sus características y su comportamiento difería un poco del habitual; por ejemplo, vivían en tribus con reglas propias y eran más inteligentes y hábiles en la lucha.

RITUAL PARA DETECTAR ENERGÍAS NEGATIVAS

Bombillas que se funden con demasiada frecuencia, olores raros, ambiente cargado... Si en nuestro hogar se produce alguna de estas situaciones o cualquier otra que nos parezca extraña, debemos realizar alguno de los siguientes rituales para detectar si esos hechos anómalos son debidos a la presencia de malas energías.

Cuenco con agua: antes de acostarnos, colocar un vaso o un cuenco con agua debajo de la cama. A la mañana siguiente comprobar si hay burbujas en el líquido; cuantas más encuentres, más energía negativa se acumula en ese espacio.

Sal negra: colocar un recipiente con esta sal en el lugar de la casa donde hayamos percibido sucesos extraños; si poco a poco va cambiando de color y textura significa que está absorbiendo lo negativo que nos rodeaba.

Rosas blancas y rojas: armar un ramo de rosas blancas y situar en el centro otra rosa de color rojo; si esta es la primera en marchitarse, es que en el ambiente hay energías negativas.

SÁTIROS
Dedicados a los placeres

Simbología: lujuria, desenfreno, diversión

Atributos: cuernos, vello corporal, grandes genitales

Poderes: fertilidad, deleite sensorial y sexual, ilusiones y engaños

Desenfreno salvaje

Los sátiros son las criaturas de la mitología grecorromana que mejor representan el culto al vino y a los placeres carnales, aunque en su personalidad se aprecian características aparentemente contradictorias. Se trataba de seres siempre del sexo masculino, dotados de una gran inteligencia, pero también dados a la alegría y la diversión sin límites, despreocupados, a veces crueles, amantes de la música y el baile, de la bebida y las fiestas, y con un apetito sexual desmedido. Vivían en los campos y los montes, y formaban parte del séquito de Dionisos o Baco, dios de la fertilidad agrícola y el vino, y cuyo culto estaba vinculado a las fuerzas salvajes de la naturaleza y la liberación de las emociones humanas más intensas. Como acompañantes del dios, los sátiros solían representarse participando en sus fiestas y celebraciones, personificando la fuerza instintiva, la vitalidad y el goce sin límites.

En cuanto a su aspecto, se les representaba como hombres desnudos, pero con patas y cola de macho cabrío, cubiertos de una gran cantidad de vello corporal, con cuernos de cabra, orejas puntiagudas y enormes genitales. A menudo portaban un tirso o bastón y lucían coronas hechas con hojas de parra en honor de Dionisos. También era habitual que se les mostrase tocando flautas, oboes, castañuelas o algún otro instrumento musical, a cuyo son ejecutaban sus bailes. En sus primeras representaciones encarnaban a criaturas de gran fealdad, con una apariencia salvaje y desinhibida, reflejando su naturaleza descontrolada y su vínculo con los aspectos más primitivos de la humanidad. Pero poco a poco sus rasgos se fueron suavizando y rejuveneciendo para que también simbolizasen su naturaleza alegre y festiva.

Origen mitológico

El origen de los sátiros se encuentra profundamente vinculado a las creencias religiosas y culturales de la antigua Grecia, donde representaban fuerzas instintivas y primitivas, a menudo en contraste con los ideales de moderación y racionalidad que promovían los filósofos y pensadores de la época. Hay distintas versiones sobre su genealogía, pues algunos los consideran hijos de Hermes, dios de los viajeros y del comercio, y de Iftime, mientras que otros atribuyen su paternidad a Sileno, un viejo sátiro que se convirtió en padre adoptivo y preceptor de Dionisos. A menudo se les asociaba con los panes, una especie de espíritus forestales que personificaban la música y la danza, y con faunos, figuras mitológicas menos exuberantes que los sátiros y más vinculados a los pastores.

Además de ser el símbolo de la vida más desenfrenada, los sátiros también representaban un aspecto importante de la religión y la cosmovisión griega. Su presencia en los mitos y cultos dionisíacos servía como un recordatorio de que la vida no solo debía ser vivida con razón y orden, sino también con pasión y libertad. De hecho, la conexión de

CÓMO ALEJAR A PERSONAS NO DESEADAS

Se decía que los sátiros perseguían a las ninfas y a las mujeres para satisfacer su descontrolado apetito sexual. Sin que ese sea exactamente el caso en el que nos encontremos, sí es posible que tengamos cerca a alguien que produzca un impacto negativo en nuestra vida. Para alejar a esa persona indeseada podemos realizar el siguiente ritual.

Materiales: una vela negra, papel y lápiz, sal gruesa, cuatro dientes de ajo.

PROCEDIMIENTO

Paso 1: escribir en el papel el nombre de la persona que deseamos alejar de nosotros.

Paso 2: colocar la vela en una mesa, encenderla y situar el papel frente a ella.

los sátiros con la música y el baile reflejaba la idea de que el arte y la expresión emocional son esenciales para el bienestar humano.

En las tragedias y las comedias griegas, los sátiros aparecían a menudo como personajes cómicos o de contraste con los héroes humanos, lo que les daba un espacio en la narración mitológica para representar el caos y el humor. A veces eran ridiculizados por su comportamiento errático y su falta de control, pero al mismo tiempo, su presencia subrayaba la importancia de lo instintivo, lo natural y lo libre en la vida.

Los poderes mágicos de los sátiros

Los sátiros no solo son criaturas traviesas y hedonistas, sino también seres dotados de poderes mágicos que reflejan su profunda conexión con la naturaleza, la música y las fuerzas primordiales del mundo antiguo. Son maestros de la ilusión, la transformación y la seducción, utilizando su magia tanto para crear armonía como para sembrar el caos, según lo dicte su carácter juguetón y salvaje.

Su relación con Dionisos provoca que en algunos relatos se considere que los sátiros pueden influir sobre el crecimiento de las plantas y la fertilidad de la tierra, haciendo que las cosechas maduren con mayor rapidez. Por otro lado, su famosa habilidad musical les concede la capacidad de encantar a las criaturas y, a través de su música, inducirles estados de éxtasis, trance y deleite sensual

Marsias y Apolo

Cuenta la leyenda que el sátiro Marsias encontró un *aulós*, una especie de flauta doble que había abandonado la diosa Atenea. A base de practicar, Marsias se convirtió en un virtuoso de ese instrumento y orgulloso de su habilidad, decidió retar a un combate musical al dios Apolo y su lira. Efectivamente, Marsias tocó mejor, pero el dios no se iba a conformar con esa derrota y retó al sátiro a tocar la misma melodía pero con el instrumento boca abajo. El dios logró el desafío, pero Marsias fue incapaz de arrancar ningún sonido a la flauta colocada en esa posición. Derrotado, el sátiro tuvo que someterse al castigo impuesto por Apolo, que quería desollarle por su soberbia, pero Atenea, considerándose en parte responsable de esta locura, pidió al dios que fuera benévolo y no le impusiera un castigo ejemplar.

y sexual. Además, los sátiros son criaturas inteligentes y astutas, capaces de crear ilusiones y engañar a los humanos o a otras criaturas, una capacidad que se relaciona con su naturaleza juguetona y traviesa, ya que disfrutan del caos que sus ilusiones pueden generar.

Los sátiros en otras mitologías

Criaturas similares a los sátiros griegos y romanos se encuentran en otras mitologías indoeuropeas, en las que frecuentemente aparecen seres híbridos entre hombres y animales con caracteres equinos o caprinos. Así en los antiguos textos bíblicos hebreos se menciona a menudo a los sh'lrlm, que son demonios del desierto con aspecto de macho cabrío, a los que estaba prohibido ofrecer sacrificios. Unos demonios parecidos se citan también en la mitología árabe, los azzab al-akaba, que habitaban en los pasos de montaña. En las leyendas eslavas hay un monstruo con patas y cuernos de cabra que es conocido como leshi o lisovik, que vive en los bosques y es el amo de los animales. Y también la mitología asturiana cuenta con su propio «sátiro», el busgosu o musgosu, con una apariencia similar a la de este, pero con el rostro, el torso y los brazos como los de un hombre.

Paso 3: esparcir la sal gruesa formando un círculo alrededor del papel y la vela.

Paso 4: situar los dientes de ajo en el exterior del círculo de sal, colocando cada uno de ellos en la dirección de un punto cardinal.

Paso 5: cuando ya estén situados todos los elementos del ritual, visualizar a la persona no deseada alejándose de nosotros. Mantener esa imagen durante unos minutos.

Paso 6: dejar que la vela se consuma por completo y enterrar todos los elementos usados en el ritual lejos de nuestro hogar.

TRASGOS
Espíritu transgresor

Simbología: picardía, a veces malévola
Atributos: pequeño tamaño, sigilo, agilidad, rapidez
Poderes: generación de caos y desorden; en ocasiones, ayuda beneficiosa

Inquietos y rebeldes

Desde las mitologías celta, germánica y escandinava llegan estos seres fantásticos y mágicos cuyo nombre ya define uno de sus principales rasgos, y es que la palabra «trasgo» viene del vocablo latino *transgredi*, que significa «el que rompe con los preceptos o las leyes». Efectivamente, los trasgos tienen un carácter caprichoso, impulsivo, burlón e inquieto que les empuja a realizar travesuras, a veces no carentes de cierta maldad, y parece que se sienten atraídos por el caos y el desorden. Son criaturas de aspecto humanoide y pequeño tamaño, a veces invisibles, muy ágiles y rápidos, con la piel verde, marrón o grisácea, que suelen cubrirse la cabeza con un gorro puntiagudo, como los duendes, y siempre con la mano izquierda agujereada. Habitualmente viven cerca de las viviendas de los seres humanos, en las que penetran por la noche y se dedican a producir ruidos nocturnos, a cambiar de sitio, esconder o romper objetos, robar las cosas que llaman su atención, revolver la ropa, asustar a las mascotas o espantar al ganado. Cualquier cosa vale cuando se trata de saciar sus ansias de juego y diversión.

Aunque ese es su comportamiento más frecuente, también puede suceder que el trasgo se sienta a gusto en la casa que visita con regularidad y entonces toda su energía se canaliza en ayudar a sus moradores mientras estos descansan, ya sea haciendo las tareas domésticas o colaborando en trabajos de tipo manual.

Todas estas acciones mágicas varían según las diversas tradiciones culturales. Así, por ejemplo, en las leyendas más antiguas se les consideraba criaturas de poderes ambiguos, buenas o malvadas dependiendo de las circunstancias. En las tradiciones célticas y germánicas mantenían una estrecha relación con el mundo subterráneo, mientras que en las escandinavas, eran percibidos como criaturas domésticas que protegían el hogar o se volvían peligrosas según el trato que recibiesen.

Los poderes de los trasgos

En el imaginario popular, tienen una mezcla de características malignas y divertidas. Su poder mágico, que varía según las leyendas, refleja su naturaleza impredecible y su estrecha conexión con el mundo del misterio y de lo desconocido y oculto. A menudo se les ve como criaturas perjudiciales, pero también pueden resultar beneficiosos. Si hay un poder mágico que dominan, ese es el del engaño. Son maestros en hacer trucos, desorientar a las personas y causar accidentes más o menos peligrosos. Su magia se basa más en el caos y la confusión que en la destrucción directa. Otra de sus capacidades es la de invocar a otros seres mágicos menores, como duendecillos del bosque y hacer encantamientos para alterar de forma leve, pero significativa, la realidad confundiendo a las personas.

Tener a un trasgo haciendo travesuras en casa puede resultar agotador. A continuación, se ofrecen algunas posibles soluciones para dar esquinazo a estos espíritus burlones.

Encargarle una tarea imposible: suele ser uno de los métodos más eficaces, ya que son muy testarudos y orgullosos. Por ejemplo, se le puede pedir que recoja en su mano izquierda una cantidad de granos de cereal; como esa mano la tiene agujereada, le será imposible y, herido en su orgullo, se marchará para siempre.

Imitar a otro duende: simular que la casa es visitada por otro ser mágico, como un duende, fingiendo alguna de sus acciones características.

Cambiar de domicilio: es drástico e ineficaz, pues suele mudarse contigo.

TROLLS
Seres malignos

Simbología: oscuridad, naturaleza salvaje

Atributos: fealdad, buen olfato

Poderes: transformación, control de la naturaleza y de la mente, regeneración

Perversos y temibles

Los trolls son criaturas míticas que forman parte del folklore y las leyendas de diversas culturas, pero están especialmente presentes en los mitos escandinavos y la tradición medieval germánica. Se trata de un grupo de seres con una extraña apariencia humanoide y un comportamiento muy peligroso, que suele vivir en zonas inaccesibles, ya sea en cuevas de las montañas, en los lugares más recónditos y oscuros de un bosque o, incluso, bajo tierra. En cuanto a su aspecto, algunos son gigantes de proporciones colosales y dotados de una enorme fuerza, mientras que otros parecen duendes pequeños. A menudo su piel adquiere tonos verdosos, azulados o grises, son feos, torpes y con una inteligencia limitada, aunque siempre peligrosos. Poseen un olfato extraordinario y caminan en posición erguida, pero ligeramente inclinados; a pesar de esa postura, son criaturas muy ágiles. Dependiendo del origen de los mitos, a veces se les representaba con un solo ojo o con pequeños cuernos en la cabeza, con el pelo desordenado o calvos. En cualquier caso, siempre con una apariencia grotesca.

Los trolls son considerados parte de un mundo paralelo o de las fuerzas primordiales de la naturaleza, a menudo vinculados con los elementos y las energías incontrolables de la tierra. Aparecen asociados a la naturaleza más salvaje, a la oscuridad y a lo sobrenatural, por lo que siempre han infundido temor. Según algunas leyendas son los guardianes de los secretos más antiguos del mundo natural; según otras, son una raza de seres poderosos y primitivos cuya existencia se contrapone a la civilización humana. De esta última deriva la creencia de que raptaban a las personas para convertirlas en sus esclavos y cambiaban a los niños recién nacidos por crías de trolls, hadas o elfos.

Sus poderes mágicos

El poder de los trolls, como criaturas mágicas, varía dependiendo de la tradición y la región, pero en general se asocia con habilidades sobrenaturales que van más allá de las capacidades humanas comunes. Radica en su conexión con la oscuridad y lo salvaje, y en su capacidad para manipular el mundo que les rodea. Parace que eran seres profundamente conectados con la naturaleza, que tenían la capacidad de manipular los elementos, controlar el clima y los fenómenos naturales, como invocar vientos y tormentas, generar terremotos o mover montañas; también podían hacer crecer plantas a voluntad o atraer a los animales para que les sirvieran de aliados o les protegiesen con su fuerza.

También parece que podían invocar a otros seres elementales para que les ayudaran en su causa. Estos espíritus, ya fueran hadas o duendecillos, les otorgaban poderes adicionales o les ayudaban a realizar tareas imposibles para una criatura normal.

RITUAL DE PROTECCIÓN CONTRA LOS ENEMIGOS

Uno de los mayores poderes de los trolls es su inmunidad frente a la magia, lo que los hace aún más temibles para los seres humanos. El ritual que se explica a continuación, aunque no aleje a esas criaturas ni acabe con ellas, al menos puede protegernos de su acción.

Materiales: un recipiente de cristal con tapa, una vela blanca, papel blanco, un bolígrafo negro, sal y vinagre.

PROCEDIMIENTO

Paso 1: colocar la vela blanca sobre una mesa y encenderla.

Paso 2: cortar el papel en tiras de unos dos centímetros de ancho por seis de largo.

Paso 3: escribir en cada tira de papel la siguiente frase: «toda criatura que me ataque».

Transformación y regeneración

Otra de las habilidades mágicas de los trolls era que podían cambiar su forma y transformarse en animales, piedras o incluso en objetos inanimados, como árboles. Esta capacidad les permitía ocultarse de los seres humanos, escapar de los peligros, acechar a sus enemigos de manera sigilosa o camuflarse con el entorno. Cuando se convertía en animal, lo más común es que adoptase la forma de un lobo, un oso o un ave rapaz, para atacar a sus presas de modo más eficiente o para moverse con mayor rapidez.

Los trolls eran criaturas extremadamente longevas, que podían vivir durante siglos, preservando su juventud y vitalidad gracias a su capacidad de regenerarse rápidamente. Si sufrían alguna herida o alguien les inflingía un daño, se curaban casi instantáneamente, lo que los convertía casi en seres inmortales.

Este poder de regeneración retrasaba mucho el envejecimiento y les otorgaba una visión única sobre el paso del tiempo, contemplándolo desde una perspectiva ancestral y atemporal.

Vínculos con la oscuridad y las sombras

Los trolls suelen asociarse con la oscuridad, y no solo en un sentido literal (ya veremos las terribles consecuencias que tenía su exposición a la luz solar), sino también como un símbolo de lo desconocido, lo primordial y lo caótico. En algunos relatos, los trolls tenían el poder de manipular las sombras y moverse dentro de ellas, lo que les permitía viajar de forma invisible o pasar inadvertidos al resto del mundo. Además, la oscuridad también les proporcionaba un refugio y una fuente de poder, especialmente durante la noche o en lugares sombríos.

Los trolls y las hadas

En el contexto de los mitos, la relación entre estas dos criaturas, en última instancia, es una historia de contrastes que ha dado lugar a infinidad de relatos repletos de simbolismo que enfrentan a los trolls, personificaciones de la fuerza primitiva y la brutalidad de la naturaleza, con las hadas, representantes de lo mágico, lo etéreo y lo refinado. En muchas leyendas, estos dos tipos de criaturas no solo viven en mundos diferentes, sino que están destinadas a cruzarse en una lucha imaginaria entre lo físico y lo espiritual, lo mundano y lo mágico. Sin embargo, como tantas veces sucede en las narraciones del folclore, también es posible encontrar momentos de interacción en los que ambos seres, aparentemente tan opuestos, puedan coexistir o incluso complementar sus naturalezas.

Otra de sus capacidades mágicas era la de crear ilusiones. Estos engaños podían tomar muchas formas, desde hacer que un camino seguro pareciese peligroso hasta crear seres fantasmales o sonidos aterradores para asustar a los viajeros. La mayoría de los trolls eran capaces de manipular las mentes de los seres más débiles o de controlar las acciones de otras criaturas, lo que los convertía en adversarios astutos y peligrosos.

La maldición de la luz

En algunas versiones de las leyendas mitológicas nórdicas se afirma que uno de los mayores peligros para los trolls era la exposición a la luz del sol. Parece que si entraban en contacto con ella se transformaban en piedra, pero sin posibilidad de que se revirtiera el cambio. Por eso los trolls solo salían de sus guaridas por las noches.

Paso 4: dejar caer siete gotas de cera de la vela dentro del recipiente de cristal.

Paso 5: llenar con sal la mitad del recipiente de cristal con la cera. Verter sobre ella algunas gotas de vinagre. Colocar la tapa.

Paso 6: situar el recipiente tapado junto a la vela y mantenerlo en esa posición hasta que la vela se consuma.

Paso 7: introducir el recipiente en el congelador durante siete días.

Paso 8: una vez que haya transcurrido el tiempo indicado, tirar el recipiente a un contenedor de basura que esté alejado de tu vivienda. Con él se irá tu enemigo.

SERES DEL MUNDO OSCURO

Cuando se habla de «mundo oscuro» se hace referencia a un plano paralelo al de la realidad, un lugar sombrío, inquietante y a menudo peligroso, lleno de seres que reflejan las sombras más profundas de la naturaleza humana o los aspectos más inquietantes del universo. Así, la oscuridad se convierte no solo es un espacio físico, sino también en uno simbólico asociado con el mal, lo desconocido, el inconsciente y lo prohibido. Es un espacio de prueba y confrontación, un plano alternativo que actúa como un espejo distorsionado de la realidad, donde las reglas de la moralidad, la lógica y el tiempo no se aplican tal como las conocemos y las criaturas que habitan allí desafían nuestra comprensión del miedo, el deseo y la existencia misma.

En este mismo concepto de «oscuridad» se incluyen también las entidades de ultratumba, que habitan en el reino de los muertos o en una dimensión espiritual, y que son figuras misteriosas, inquietantes, a menudo, aterradoras. Estas criaturas sirven de mensajeros, guardianes o manifestaciones de la muerte misma, y su existencia está profundamente vinculada con el concepto de lo sobrenatural.

ELFOS OSCUROS
Violentos y malvados

· · · · · · · · · · · · · · · ·

Simbología: traición y crueldad
Atributos: pelo blanco, ojos rojos, amarillos o violetas
Poderes: magia negra, dominio de la mente y de las sombras

Un reino subterráneo

También llamados drow, estos elfos oscuros eran criaturas fantásticas procedentes de la mitología nórdica, que vivían en el reino de Svartalfaheim, uno de los nueve que integraban el cosmos, pero su imagen y sus costumbres se popularizaron a través del juego de rol *Dungeons & Dragons* y de las creaciones literarias de J. R. R. Tolkien`y de R. A. Salvatore, especialmente de saga *Drizzt Do'Urden*. Según esas fuentes, se les presenta como seres de naturaleza malévola y misteriosa, que originalmente eran elfos de aire y de luz, pero tras una serie de traiciones, se rebelaron contra la diosa Larethian, quien los maldijo y les desterró al inframundo, a los llamados Reinos Subterráneos, que eran un vasto sistema de cavernas situadas en el nivel más bajo y profundo del Árbol del mundo. Debido a esa vida en perpetua oscuridad, su piel se oscureció, volviéndose negra o grisácea, sus cabellos se transformaron en blancos, y sus ojos se tornaron brillantes y adquirieron tonos rojos, plateados o violetas, aunque siguieron conservando otros rasgos élficos, como las orejas puntiagudas. Vivían en una sociedad marcada por el conflicto y la traición, extremadamente cruel y violenta. Su lucha por el poder era constante y la intriga política estaba en la esencia de su vida cotidiana. En general, las casas nobles luchaban entre sí por la supremacía, y las alianzas solo se establecían de forma temporal, rompiéndose a menudo por traiciones y asesinatos. Era una sociedad de naturaleza matriarcal, donde las mujeres ostentaban gran poder, especialmente las sacerdotisas de Lolth, la diosa araña, quien impulsaba la lucha, la competitividad y la cruel jerarquía dentro de esa sociedad drow.

La trágica historia de estos elfos oscuros, su sociedad cruel y violenta, y su conexión con las fuerzas de las tinieblas los han convertido en un símbolo de la lucha interna de los seres humanos entre el bien y el mal. Y aunque la mayoría de los relatos los presentan como villanos despiadados, algunos señalan que existían drows que rompían con ese estereotipo y rechazaban la malvada cultura de su gente, buscando una vida de honor y rectitud, lo que nos invita a explorar temas como la redención, el destino y la lucha contra las expectativas impuestas por la propia raza y cultura.

Su magia y habilidades

Los drow son conocidos por sus habilidades como hechiceros y su dominio de la magia oscura. Los sacerdotes y los hechiceros drow tenían acceso a conocimientos mágicos poderosos que les permitían manipular las sombras, la oscuridad y, en ocasiones, la mente de otras criaturas. Eran seres con una inteligencia muy desarrollada, que únicamente se comunicaban a través de un lenguaje de signos que practicaban con sus manos. Además, como elfos que eran, poseían una extraordinaria agudeza sensorial y gran destreza en el combate por sus rápidos reflejos y su maestría en el manejo de diversas armas, especialmente las dagas y las espadas. También poseían el don de la invisibilidad, para el cual debían cubrirse con unas capas especiales que les mimetizaba con el entorno.

CREAR UN CÍRCULO DE PROTECCIÓN

Esta práctica resulta muy efectiva ante las discusiones frecuentes o la presencia de malas energías alrededor.

Círculo de protección básico: dibujar con el brazo un círculo imaginario alrededor, en el sentido de las agujas del reloj. Extender ambos brazos y visualizar que nos baña una luz blanca y brillante. Rezar o invocar a un espíritu protector y terminar el ritual volviendo a trazar el círculo, esta vez en sentido contrario a las agujas del reloj.

Círculo de sal: tomar en la mano un puñado de sal marina, nunca refinada, y situarse frente a la entrada de la casa. Esparcir la sal por los límites de la vivienda, siempre en el sentido de las agujas del reloj, y recitar en voz alta el propósito buscado. Al terminar, volver a recoger la sal y enterrarla lejos del hogar, ya que habrá absorbido las malas energías. Este ritual debe realizarse durante la luna nueva.

ENANOS
Forjadores del submundo

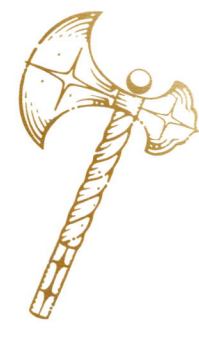

• • • • • • • • • • • • • • • •

Simbología: sabiduría, habilidad mágica

Atributos: baja estatura, gran fortaleza física

Poderes: creación de objetos mágicos

Pequeños y astutos

Los enanos o *dvergar* son criaturas llegadas desde la mitología nórdica, que les describía como seres inteligentes, sabios, de sexo masculino, baja estatura, aunque con gran fortaleza y resistencia, y una apariencia no demasiado atractiva, pues eran sucios, con la piel extremadamente blanca y los cabellos oscuros. Quizá esa falta de atractivo físico era consecuencia del oficio que desempeñaban, ya que esas mismas fuentes también mencionan que eran muy habilidosos en la forja de metales para construir armas, herramientas y joyas, por lo que sus manos y sus rostros a menudo presentaban marcas de su trabajo y estaban cubiertos de una capa de suciedad formada por el hollín del fuego y los restos de las soldaduras. También empleaban los metales y las piedras preciosas para crear artefactos mágicos que podían alterar el curso de los acontecimientos, pues se los consideraba conocedores de los secretos de la naturaleza, la alquimia y la magia. Eran criaturas que mantenían una relación muy estrecha con el mundo subterráneo; se creía que habitaban en las entrañas de la tierra, en lugares oscuros y secretos, donde instalaban sus forjas para elaborar poderosas armas y artefactos mágicos.

En cuanto a su origen, la mitología nórdica narra que el primer enano, de nombre Mótsognir, fue creado por el dios Odín y sus hermanos Vili y Vé a partir de la carne, la sangre y los huesos del gigante de hielo Ymir, un ser de caos y oscuridad, tras darle muerte. Al principio, ese enano tenía forma de gusano, pero más tarde, los dioses de Asgard le concedieron inteligencia y una apariencia similar a la humana. Esos rasgos fueron los que heredaron después el resto de los enanos.

A lo largo de los siglos, la figura del enano ha dejado una huella significativa en las tradiciones y leyendas de varias culturas y se ha convertido en un personaje recurrente de cuentos y obras literarias, desde los relatos de los hermanos Grimm hasta la famosa saga de *El Señor de los Anillos*, de J. R. R. Tolkien, donde se les sigue describiendo como hábiles artesanos y guerreros.

Los enanos y la magia

Ya hemos visto que los *dvergar* eran especialmente conocidos por su destreza en la forja, pero no se trataba de una simple labor de fragua, pues además de creaciones meramente funcionales, también realizaban otras directamente conectadas con la magia y que estaban imbuidas de fuerzas y poderes sobrenaturales. Cada uno de esos objetos de forja mágica que salía de las manos de los enanos hacía casi invencible a su dueño o le otorgaba unas habilidades especiales. Muchos de sus artefactos no solo eran poderosos, sino que también traían suerte o influían en los acontecimientos. Incluso en algunas leyendas también se atribuía a los enanos la capacidad de fabricar seres mágicos o ciertos tipos de animales mitológicos. Relacionada con esa magia estaba su capacidad para alterar y transformar los metales

ACEITES ESENCIALES PARA UN RITUAL

Desde muy antiguo, los aceites esenciales se han utilizado tanto por sus beneficios terapéuticos en el plano físico, como por sus propiedades favorables en el plano espiritual. A continuación, se mencionan algunos de los más empleados en los rituales.

Para aumentar la energía: los de cítricos, como naranja o limón, y también los de menta poseen propiedades energizantes y estimulantes.

Para atraer la riqueza y la abundancia: el más poderoso es el de canela que, además de actuar como un imán para la prosperidad, también purifica, favorece la creatividad, reconforta y aumenta la sensación de felicidad.

Para combatir la agitación mental: los de bergamota, camomila, lavanda, sándalo y rosa favorecen la relajación.

comunes en materiales preciosos. Esta capacidad de transmutación se asociaba con la alquimia y la manipulación de los elementos de la naturaleza, un arte que solo los enanos sabían dominar con tal maestría. Asimismo, eran considerados poseedores de un profundo conocimiento sobre los secretos del mundo natural, lo que les otorgaba una forma de magia relacionada con la manipulación de las fuerzas elementales.

Los enanos también eran expertos en la magia protectora. Sus habilidades les permitían crear artefactos que otorgaban poderes defensivos, como escudos mágicos, o encantamientos que protegían a los dioses y a los héroes nórdicos de los peligros. Por ejemplo, el «cinturón de la fuerza» de Thor, que le otorgaba fuerza sobrehumana, también fue creación de un enano, reflejando no solo su gran destreza física, sino también su profunda formación en los saberes mágicos. Por último, en algunos relatos también se atribuía a los enanos una forma de magia verbal, que les hacía capaces de pronunciar encantamientos que afectaban a la realidad. Estos conjuros no siempre eran agresivos, algunos buscaban proteger o sanar a la persona a quien iban dirigidos.

Los poderes de los enanos, basados principalmente en su habilidad para trabajar los metales y crear con ellos objetos con capacidades sobrenaturales, así como su profundo conocimiento de las fuerzas de la naturaleza y su capacidad para manipularlas, les otorgaba un dominio mágico que trascendía la mera artesanía. Los enanos representaron, por lo tanto, una perfecta combinación de habilidad técnica y poder arcano, siendo esenciales en los relatos mitológicos por su relación con los dioses y las fuerzas cósmicas.

Creaciones mágicas

Una de las creaciones más notables que salió de la forja mágica de los enanos fue Mjolnir, el martillo del dios Thor, creado por Sindri y Brokkr. Esta poderosa arma solo podía ser levantada por su dueño y era capaz de atraer rayos y causar tormentas. Otro objeto mágico fue el anillo Draupnir, para Odín, que tenía la capacidad de producir hasta ocho copias de sí mismo cada nueve noches, generando oro de manera infinita. La lanza de Odín, Gungnir, también fue otro regalo de los enanos; nunca fallaba en su objetivo y siempre regresaba a su dueño tras el ataque. Asimismo, mágica era también la nave Skidhbladhnir, con la que Frey podía navegar por tierra y por mar, siempre acompañada de buen viento, y que estaba construida tan hábilmente que podía plegarse como una servilleta para llevarla dentro de una bolsa.

Andvari y su anillo mágico

Cuenta la leyenda que el enano Andvari poseía un anillo mágico capaz de producir oro, pero un día, el dios Loki se lo robó y Andvari maldijo el anillo para que, a partir de ese momento, solo llevase desgracias a quien lo poseyera. Ante esa perspectiva, Loki se deshizo de él y se lo regaló a Hreidmar, un avaricioso rey del pueblo de los enanos. Sus dos hijos, tan avaros como él, mataron al padre y se hicieron con el anillo. Pero uno de ellos, Fafner, decidió que lo quería solo para él y se transformó en dragón para ahuyentar a su hermano, que envió a su hijo adoptivo, el legendario héroe Sigfrido, a recuperarlo. Este mató al dragón Fafner, se hizo con el anillo y lo ofreció a su prometida Brunilda. Cuando finalmente Sigfrido la abandona, Brunilda se suicida. Una historia de desgracias causada por la posesión de un anillo mágico que estaba maldito.

Para la limpieza psíquica y energética: los más adecuados son los de cedro, limón, romero, pachulí, ylang ylang y lavanda.

Para la meditación: el de cedro proporciona efectos calmantes que ayudan a conectar con nuestro yo interior, y también purifica a nivel espiritual.

Para calmar la ansiedad: uno de los más eficaces es el aceite de lavanda, que combate el estrés y crea una atmósfera propicia para el descanso. También el de nardo alivia la ansiedad, además del sufrimiento físico.

Para favorecer la claridad mental: el aceite de sándalo es un magnífico aliado en estos casos, ya que ayuda a la concentración, favorece el pensamiento positivo y aumenta la memoria.

GOLEMS
Sin voluntad propia

Simbología: ser inacabado y sin voluntad
Atributos: gran tamaño, fuerza sobrehumana
Poderes: obediencia ciega, resistente
a las lesiones

Figuras sin vida

La tradición judía, expresada especialmente en la Cábala, y el imaginario medieval nos traen a estas criaturas mitológicas, que eran seres creados por los sabios a partir de materia inanimada, como barro, arcilla o piedra, y que cobraban vida a través de una serie de rituales mágicos y místicos. Se trataba de seres inacabados, de materia informe, que es el significado de la palabra hebrea «golem», sin alma ni voluntad propias, sometidos a los deseos de su creador, que tanto podía insuflarles vida como arrebatársela. No podían hablar ni razonar, ya que no poseían cerebro, por lo que ejecutaban literalmente las órdenes que les daba su dueño, de una forma absolutamente mecánica y sistemática. Esta forma de actuar, sin cuestionar nada, la ejemplifica muy bien una anécdota que cuenta que la esposa de un rabino pidió a su golem que fuera al río a sacar agua, y la criatura así lo hizo, sacó y sacó agua sin parar, hasta que terminó por inundar la ciudad.

Para dar vida al golem existían dos sistemas. El primero de ellos era escribir en su frente la palabra sagrada *emet*, que significa «verdad» en hebreo, representando así la conexión del golem con la divinidad; para desactivarlo y que volviera a ser una masa de barro inerte, bastaba con borrar la primera letra de la palabra, transformándola en *met*, que significa «muerte», lo que hacía que el golem perdiera su vitalidad. El segundo sistema era similar, pero la palabra *emet* se escribía en un papel que después se introducía en la boca de la criatura; desactivarla era tan sencillo como sacar el papel de su boca.

A través del tiempo, el golem ha trascendido las fronteras de la tradición judía, convirtiéndose en un símbolo de la creación humana, el control sobre la vida y las consecuencias de la arrogancia humana al intentar desafiar el orden divino. En muchos aspectos, es un símbolo de los límites del poder, plantea preguntas sobre la ética y la responsabilidad, y es una advertencia sobre las consecuencias de jugar con fuerzas que uno no puede controlar.

Sus poderes mágicos

Los golems, vistos como guardianes, protectores o incluso como armas de destrucción controladas por aquellos que dominaban la magia que les daba forma, fueron criaturas excepcionales que gozaron de múltiples y significativos poderes ligados a la magia ritualista y la alquimia, así como a su capacidad de conectar la materia inerte con las fuerzas cósmicas y elementales. Sus poderes también estaban muy relacionados con sus principales atributos físicos, como el de la fuerza sobrehumana que poseían y les permitía realizar hazañas de las que ningún ser humano nunca podría ser capaz,

RITUALES PARA LA LUNA DE NIEVE

A la segunda luna llena del año se le da el nombre de «Luna de Nieve», ya que en el hemisferio norte suele corresponder con el mes más frío, el de febrero. Es un buen momento para la introspección, para conectar con nosotros mismos y con nuestros propósitos.

RITUAL DE AUTOCONFIANZA

Paso 1: buscar un lugar tranquilo y encender una vela blanca o dorada; colocar junto a ella un cristal de citrino o amatista.

Paso 2: escribir en un papel los deseos más profundos, enfocados al crecimiento personal y visualizar las cualidades que se desean atraer.

Paso 3: leer varias veces en voz alta lo que hay escrito en el papel, con firmeza y determinación.

Paso 4: terminar el ritual guardando el papel en algún lugar especial para sellar la energía creada.

como levantar enormes piedras o, en tiempos de peligro, luchar con una gran potencia destructiva.

Además, al estar formados a partir de materiales como barro o arcilla, poseían una resistencia indomable y eran casi invulnerables a las lesiones; según algunas leyendas, incluso poseían la habilidad de autorregenerar sus partes dañadas. Y no solo mostraban inmunidad a los daños físicos, sino también una gran resistencia frente a los hechizos y los ataques de la magia convencional; solo podían dañarlos aquellos que poseyeran un conocimiento profundo de los encantamientos más oscuros y potentes.

Por último, al ser criaturas que mostraban una obediencia absoluta, y no tenían conciencia propia ni libre albedrío, se convertían en una herramienta perfecta para quien los había creado. Sin embargo, su falta de juicio a veces podía llevar a que causasen destrucciones incontroladas si no se les impartían órdenes muy claras. Su lealtad total y absoluta podía llegar a ser una debilidad, ya que, si su creador fallecía, el golem se convertía en un peligro.

El golem de Praga

Una de las primeras menciones claras sobre la creación de un golem se encuentra en el Talmud y otros escritos rabínicos, aunque su figura se popularizó y cobró un aspecto más definido en el siglo XVI, en el seno de la comunidad judía de Praga. Cuenta la leyenda que, en ese periodo, el rabino y cabalista Judah Loew ben Bezalel, conocido como el Maharal de Praga, creó un golem de barro para proteger a su pueblo de las persecuciones y los ataques antisemitas que sufría la comunidad judía en el gueto de Praga. El rabino Loew utilizó poderosos rituales mágicos y secretos cabalísticos para animar la figura de barro. Aunque parece que este ser mágico fue útil en la defensa de la comunidad, la historia también advierte sobre los peligros de dar vida a una criatura que no tiene libre albedrío, ya que, en algunos relatos, ese golem terminó siendo incontrolable.

Paso 1: buscar un lugar
tranquilo, en el que sea
posible la concentración,
y poner música suave para
ayudar a la relajación.

Paso 2: llenar un cuenco
con agua, ya que este líquido
es un potente símbolo
de purificación.

Paso 3: añadir una
cucharadita de sal marina
al agua y remover con las
manos; mientras, visualizar
las cargas emocionales
y todo lo negativo que
se quiera arrastrar.

Paso 4: reflexionar
sobre las emociones
y los sentimientos que ya no
sirven y escribir en un papel
lo que se desea soltar.

Paso 5: leer el papel en voz
alta y después sumergirlo
en el cuenco con agua y sal
mientras se visualiza cómo
van disolviéndose las cargas
emocionales.

Paso 6: romper el papel
en trozos muy pequeños
y dejarlos sumergidos. Cerrar
los ojos y dar las gracias
por la liberación conseguida.

Frankenstein, ¿un golem de carne y hueso?

El famoso personaje de ficción creado por Mary She-
lley para su novela *Frankenstein o el moderno Prometeo*
podría recordarnos a un golem, ya que la idea básica
que subyace en su proceso de formación es la misma:
un hombre que juega a ser un dios todopoderoso. En
las páginas de esta obra se relata cómo el científico
Víctor Frankenstein dio forma a una extraña criatura
de apariencia humanoide a partir de diferentes frag-
mentos de cadáveres y le insufló vida. Pero, a diferencia de los golems, este ser sí tenía inteligencia, así como
sentimientos y emociones, y esa fue su perdición, ya
que al sentirse rechazado por su monstruosa apariencia, se revolvió contra su creador y volcó su ira en él y
en las personas que amaba.

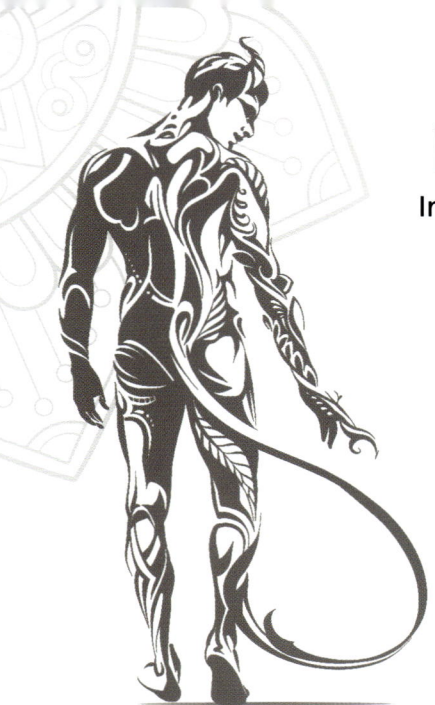

ÍNCUBOS
Invocaciones malignas

Simbología: lujuria del maligno

Atributos: apariencia atractiva o terrorífica

Poderes: control de los sueños, cambio de forma, seducción malvada

Manipulados por el maligno

Según la tradición medieval europea, los íncubos eran demonios o espíritus malignos de sexo masculino que tenían la capacidad de mantener relaciones carnales con las mujeres mortales mientras ellas permanecían en un estado de semiinconsciencia similar al sueño, sin despertar en ningún momento. Se pensaba que la finalidad de esa actividad, generalmente nocturna, era alimentarse de la energía vital de sus víctimas, succionar su «esencia», y así hacerse más poderosos, incluso si con esa acción causaban la muerte de las afectadas. También existía la posibilidad de que las mujeres quedasen embarazadas; si ese era el caso, los hijos que nacían de esa unión perversa solían ser seres deformes físicamente y muy manipulables por las fuerzas del mal. Aunque también podía ocurrir que estuvieran dotados de poderes especiales, como le ocurrió al mago Merlín, que según algunas leyendas nació de la unión de una mujer con un íncubo, de quien heredó los dones de la profecía y la metamorfosis.

Poderes y habilidades de los íncubos

Los íncubos tenían la capacidad de controlar los sueños de sus víctimas, entrar en ellos, manipularlos y alterar su percepción de la realidad. Se cree que al utilizar este poder podían cambiar de forma y mostrarse bajo dos aspectos diferentes: bien como hombres apuestos y de gran belleza que seducían a las mujeres mientras dormían, atrayéndolas hacia ellos de una forma tan poderosa que las víctimas sentían que no podían resistirse y haciéndolas experimentar placeres sensoriales intensos; o bien como criaturas de aspecto aterrador que, en lugar de seducir, optaban por aterrorizar y dominar a sus víctimas, alimentándose del miedo y el sufrimiento psicológico que provocaban e, igual que en el caso anterior, sin ninguna posibilidad de resistencia. Hay que señalar que, como otras entidades sobrenaturales, los íncubos solían ser inmortales o tener una longevidad excepcional, lo que les permitía permanecer con vida durante siglos, buscando constantemente nuevas víctimas.

En otras culturas

Existen relatos de seres semejantes a los íncubos en diversas culturas del mundo. Siempre se trata de espíritus malignos, que en ocasiones se han utilizado para explicar fenómenos como la parálisis del sueño, las experiencias de abducción, las visiones nocturnas o la sensación de presencias extrañas. En la tradición islámica existe la figura del jinn, que provoca sueños eróticos y seduce a las mujeres durante el descanso. En África y Filipinas se habla de los «aswang», que adquieren diversas formas y emplean la seducción para alimentarse de la vitalidad de sus víctimas o manipular su destino. Por último, en las culturas mesoamericanas también existen seres similares a los íncubos, como el «trauco» chileno o el «boto» brasileño.

RITUAL DURANTE LA LUNA MENGUANTE

La fase decreciente de la Luna señala un periodo especialmente favorable para purificar el cuerpo de las dolencias físicas y liberar el espíritu de las emociones negativas, como el miedo o el estrés.

Materiales: sal gruesa o sal del Himalaya, un quemador de esencias, aceite esencial de nardo o de gálbano.

PROCEDIMIENTO

Paso 1: llenar una bañera con agua caliente y agregar un puñado de sal gruesa o de sal del Himalaya. Sumergirse en ella.

Paso 2: encender un quemador con aceites esenciales para estimular los sentidos.

Paso 3: permanecer en silencio, concentrada en el poder limpiador y purificador del agua y la sal.

Paso 4: pedir con amor la limpieza de todas las emociones negativas y de las cargas no deseadas.

Paso 5: permanecer en calma, sintiendo cómo se van purificando nuestro cuerpo y nuestra mente.

LICÁNTROPOS
Instintos primarios y salvajes

Simbología: canibalismo

Atributos: abundante vello corporal, sentidos aguzados

Poderes: transformación, fuerza sobrehumana, hipnosis

Miedos ancestrales

Los hombres lobo o licántropos son figuras míticas muy populares que han fascinado a la humanidad desde hace muchos siglos. Se trataba de seres humanos que, por causas sobrenaturales o por maldiciones, nunca por voluntad propia, se transformaban en lobos o en criaturas con las mismas características de esos animales, como una fuerza y una agilidad sobrehumanas. Estas transformaciones solían producirse en las noches de luna llena, aunque algunas leyendas las atribuían a otros factores, como la mordedura de otro hombre lobo o la acción de un hechizo de brujería.

El origen de este mito resulta incierto, aunque se cree que podría estar relacionado con la figura de Licaón, un antiguo rey de la Arcadia, culto, bondadoso y fiel servidor de Zeus, en cuyo honor alzó un altar. Pero poco a poco su religiosidad se fue transformando en un fanatismo que le llevó a realizar sacrificios humanos en los que las víctimas a menudo eran los viajeros que llegaban a su ciudad. Zeus, al enterarse de ese comportamiento impío, decidió visitar el palacio del rey disfrazado de peregrino. Los súbditos de Licaón le advirtieron de que podría tratarse de un dios, por lo que el rey no ordenó matarle inmediatamente, sino sacrificar a su propio hijo Níctimo y servirle su carne en un banquete. Zeus montó en cólera y le castigó transformándole en lobo y quemando el palacio. En el siglo V, el escritor y político romano Petronio escribió sobre la transformación de un soldado en lobo relacionando el hecho con la luna llena que alumbraba en el cielo esa noche. También en las tradiciones nórdicas y germánicas hay relatos sobre guerreros, conocidos como *berserkers*, que durante las batallas se cubrían con pieles de animales (lobos y osos) porque creían que de ese modo aumentaban su fuerza y ferocidad.

Fue a partir del siglo XV cuando se empezó a asociar a los licántropos con el mal y la brujería, y a considerarlos una amenaza real y peligrosa, pues cuando experimentaban la transformación, se sentían impelidos a atacar y devorar tanto a animales como a humanos. Los juicios por supuestos casos de licantropía fueron comunes, especialmente en Francia y Alemania, y abundaron las ejecuciones tras la acusación de formar parte de cultos o pactos demoníacos. En ocasiones, se consideraba que era un castigo divino por haber pecado gravemente y de forma reiterada.

En la actualidad, la figura del hombre lobo sigue siendo recurrente en el cine, la literatura y la cultura popular, variando en su representación desde una criatura maldita cercana al horror hasta un ser trágico que lucha por controlar su naturaleza animal.

Poderes mágicos de los licántropos

El licántropo, una figura profundamente enraizada en la mitología y el folclore, se asocia frecuentemente con una serie de poderes mágicos y habilidades sobrenaturales que lo distinguen de los seres humanos comunes. Estos poderes varían según la tradición o la versión del mito, pero suelen compartir ciertos elementos comunes que refuerzan la idea de que el hombre lobo es mucho más que un simple ser humano. Su poder más característico es el de la transformación, siempre vinculada con la magia negra, como ya hemos visto. Esa transformación conlleva la adquisición de una fuerza física extraordinaria y sobrehumana, que es la que lo convierte en una criatura temible, capaz de derribar árboles, destruir todo lo que encuentra a su paso e, incluso, luchar contra otros seres mágicos o sobrenaturales. Otra cualidad que lleva asociada es una agilidad y una velocidad impresionantes, que les hace posible alcanzar a sus presas y escapar de los peligros, así como moverse con sigilo y sin ser detectados. Sus sentidos de la vista, el oído y el olfato son mucho más agudos que los de un ser humano común, pudiendo oler a sus presas desde grandes distancias y ver en la oscuridad con una claridad sorprendente. Además, parece que también son capaces de curarse rápidamente de heridas graves, una habilidad que se asemeja a la regeneración y les permite sobrevivir a heridas que serían fatales para los seres humanos normales. Todo ello les hace invulnerables a los ataques, aunque algunas leyendas aseguran que ciertos elementos específicos, como las balas de plata, pueden herirlos o matarlos. También parecen inmunes a las enfermedades humanas, una consecuencia de su naturaleza sobrenatural. Por último, hay que mencionar que mitos más recientes les atribuyen la capacidad de hipnotizar o controlar la mente de las personas, de modo que las pueden manipular y hacerlas actuar de acuerdo con su voluntad.

Vemos que los poderes mágicos de los licántropos son vastos y diversos, desde su fuerza sobrehumana hasta su capacidad para regenerarse y percibir el mundo de una manera única.

De hombre a lobo

El poder más característico del licántropo es su capacidad para transformarse. Esta transformación puede desencadenarse por muchas causas, siendo las más habituales las derivadas de la magia negra y las maldiciones. Entonces, la metamorfosis se convierte en un proceso involuntario, doloroso y complicado, que implica una lucha interna entre la humanidad y la bestialidad, pues el sujeto pierde su conciencia humana y se vuelve peligroso incluso para sus seres queridos. Parece que esto solo sucede en las noches de luna llena. Pero hay otras versiones sobre los motivos de esa transformación, como dormir desnudo bajo la luz de la luna, ser mordido por otro hombre lobo, usar prendas hechas con la piel de ese animal o beber en el mismo lugar donde lo ha hecho él antes.

En muchos sentidos, estas criaturas míticas son la encarnación de lo salvaje y lo indomable. Sin embargo, aunque estos poderes les confieren un gran control sobre su entorno, también van acompañados del peligro inherente de su naturaleza bestial, lo que les convierte en figuras muy temidas.

¿Hay otros tipos de licántropos?

Aunque el mito del hombre lobo es exclusivamente europeo, en otros lugares del mundo se cree en la existencia de criaturas con sus mismos poderes. Por ejemplo, en la India se piensa que los tigres pueden tomar la apariencia de los humanos para acercarse a ellos sin ser descubiertos; en África se asegura que existen hombres leopardo y hombres hiena, y en América existen esos mismos mitos con jaguares y pumas.

Sueño y descanso: suelen verse alterados, ya que en el subconsciente se intensifican las sensaciones de miedo y ansiedad.

Comida: evitar los alimentos artificiales y los que generen muchas toxinas.

Nacer en luna llena: las personas nacidas en esa fase lunar son intensas, apasionadas, les gusta experimentar y ser el centro de atención.

Elemento asociado: agua.

Chakra asociado: corazón o Anahata.

Signo zodiacal lunar: Cáncer es el único signo del zodíaco que está regido por la Luna y no por un planeta.

Cómo afecta a los signos zodiacales: alienta nuevas ideas y actividad intelectual en Géminis, Libra y Acuario; fomenta el crecimiento a largo plazo en Tauro, Virgo y Capricornio.

MOMIAS
Criaturas de ultratumba

· · · · · · · · · · · · · · · · · ·

Simbología: muerte no resuelta

Atributos: cuerpo reseco y oscuro envuelto en vendas funerarias

Poderes: venganza, maldiciones, desgracias

Atrapadas en el tiempo

En sus orígenes, la momificación incluía una serie de técnicas y procedimientos físicos y químicos para evitar la putrefacción natural de los cadáveres. Del entrelazamiento de esa tradición histórica con el folclore y la cultura popular, surgió la figura de la momia como muerto viviente, transformando lo que era una imagen sagrada y mística en una amenaza de ruina y terror, una especie de espectro físico que persistía en el mundo de los vivos por un hechizo de reanimación nigromántica, una maldición o un deseo no cumplido. Es una criatura atrapada en un ciclo entre la vida y la muerte, condenada a una existencia interminable, muchas veces como guardiana de secretos antiguos o como víctima de un destino que le impide descansar en paz. Esta momia maldita o vengativa encierra un profundo simbolismo: el temor humano al regreso de lo que hemos intentado dejar atrás, ya sea un pasado oscuro, un enemigo o un conflicto no resuelto. También puede entenderse como una alegoría de la lucha del ser humano por evitar lo inevitable, ya sea el destino, la muerte o las consecuencias de intentar desafiar el orden natural, así como el precio que se debe pagar por tales transgresiones. La momia como ser no muerto ni vivo se refleja en la película de 1932, *La momia* de Karl Freund, en la que el sacerdote Imhotep es revivido por un arqueólogo que ansía venganza y el amor perdido.

Sus atributos mágicos

En la cultura egipcia se creía que la momificación no solo preservaba el cuerpo, sino que otorgaba a los muertos un vínculo con lo divino y el poder de regresar al mundo de los vivos. Así surgió la figura de la momia como muerto viviente, una criatura fuerte, aunque de movimientos lentos, inmune al dolor, las enfermedades y los venenos, y solo sensible al fuego. Tras los rituales de reanimación, la momia quedaba estrechamente ligada a una tumba o templo concreto, que protegía eternamente. Tenía el poder de la venganza inmortal contra los que profanaban la tumba y su maldición era tan poderosa que podía afectar a varias generaciones.

¿Qué era el polvo de momia?

Uno de los ingredientes empleados por las hechiceras para la elaboración de pociones medicinales, y muy popular también entre los curanderos medievales, fue el polvo de momia, un remedio «mágico» que se creía que era capaz de curar todos los males, desde un dolor de cabeza hasta la peste bubónica y la epilepsia; si se ingería mezclado con vino calmaba la tos, y con vinagre, los dolores lumbares. Se convirtió en un remedio tan extendido que miembros de la realeza europea, como Carlos II de Inglaterra y Francisco I de Francia, lo tomaban habitualmente como preventivo para conservar la salud.

NINFAS DEL INFRAMUNDO
Entre lo oscuro y lo mágico

• • • • • • • • • • • • • •

Simbología: dualidad luz-oscuridad

Atributos: mujeres, portadoras de lámparas o faroles

Poderes: visión del más allá, dominio de las fuerzas y de las criaturas del inframundo

Vinculadas al reino de los muertos

Según la mitología griega, las ninfas del inframundo eran las lámpades, unas deidades menores del mundo subterráneo asociadas al reino de las tinieblas, que desempeñaban un papel crucial en el mantenimiento de las fuerzas de la muerte y el renacimiento. Su nombre deriva de un término griego que significa «luz» y que hace referencia al hecho de que siempre portaban antorchas o faroles, ya que su cometido era iluminar el dominio oscuro y sombrío del inframundo. Sin embargo, esa luz no era la misma que la de los seres luminosos de la superficie, sino que se trataba de una luz tenue, espectral, oscura y vacilante, una luz que, en lugar de ser una fuente de esperanza o claridad, tenía una cualidad perturbadora, pues guiaba a través de los oscuros pasajes del reino subterráneo a los viajeros, a las almas errantes y perdidas que no hallaban descanso, a aquellos que morían o a los héroes que descendían al inframundo en busca de sabiduría o rescate, pero sin ofrecerles la seguridad de un camino directo o un destino claro. Su luz los conducía a lo desconocido, a la penumbra reinante en el inframundo, una evidente representación de todo lo que era incierto e inevitable.

Se les describía como seres femeninos, hijas de los dioses fluviales cuyas aguas surcaban el inframundo, y en muchos casos asociadas a la diosa Hécate, una titánide de la antigua religión griega relacionada con la magia, la brujería, las plantas y hierbas venenosas y las encrucijadas, quien también era una de las deidades que presidía el inframundo. Las lámpades actuaban como sus compañeras, siguiendo a la diosa en su dominio de la oscuridad. Su carácter era mucho más sombrío y misterioso que el del resto de las ninfas, que solían considerarse seres benignos y asociados a la naturaleza, como las del aire, los bosques, los ríos o los mares, aunque a las lámpades no se las juzgaba maliciosas. Simplemente se les otorgaba un carácter enigmático por su papel como guardianas del paso entre la vida y la muerte, y portadoras de luces que no iluminaban el camino, sino que lo ocultaban en una velada danza de sombras.

Un profundo simbolismo

Las ninfas lámpades simbolizaban la transitoriedad de la vida misma, y la luz que portaban, frágil y fugaz, la efímera naturaleza de la existencia humana y la inevitabilidad del paso hacia el más allá. A través de la figura de estas ninfas se representaba el umbral entre la vida y la muerte, un espacio donde lo hermoso y lo aterrador se encuentran. Estas criaturas, aunque rodeadas de misterio, eran también portadoras de la inevitabilidad del destino y del flujo inquebrantable de la vida hacia su final. Su presencia resalta el contraste entre la vitalidad de la naturaleza

RITUALES PARA CADA DÍA DE LA SEMANA

Cada día de la semana tiene su propia vibración, que lo hace más adecuado para determinados rituales y ceremonias.

Lunes: propicio para la reflexión y para explorar las emociones, para las actividades tranquilas, el yoga, los masajes o la conversación con familiares y amigos.

Martes: dominado por el planeta Marte, es un día de acción y energía, muy indicado para iniciar nuevos proyectos, tomar decisiones, avanzar en nuestros sueños y realizar cualquier actividad física y deportiva.

Miércoles: se trata de la jornada perfecta para la comunicación, ya sea en reuniones de trabajo, conferencias o entrevistas, y por supuesto también para ponerla en práctica en el ámbito personal.

y el silencio eterno del reino de los muertos, mostrando una conexión profunda entre los dos mundos, y recordando la presencia constante de la muerte en las historias humanas. De alguna manera, encarnaban la dualidad entre la luz y la oscuridad, la guía útil y la dirección perdida, una mezcla de la belleza y el peligro que encierra el reino de la muerte.

Sus atributos mágicos

Los poderes mágicos de las lámpades, o avernales, como se las conocía en la mitología romana, están profundamente conectados con la oscuridad, los secretos y las fuerzas subterráneas. Ellas eran las guardianas de los umbrales entre el mundo de los vivos y el de los muertos, por lo que su magia tenía un carácter profundo, misterioso y, en algunos casos, aterrador. Una de sus habilidades más sobresalientes era la de manipular las sombras del éter y las sombras de las almas, envolviendo el espacio en oscuridad total, dificultando la visión y distorsionando la realidad. Esta capacidad les permitía ocultar secretos, robar recuerdos o incluso borrar la presencia de aquellos que se cruzaban en su camino. Con su dominio sobre las sombras, las lámpades podían convertirse en aliadas o enemigas, dependiendo de la naturaleza de la interacción que deseasen con los mortales. Incluso algunos relatos mencionan que las luces que portaban

Las ninfas de la sombra

Unas de las lámpades más conocidas eran las llamadas «ninfas de la sombra», que se describían como mujeres de belleza etérea, pero cuya presencia evocaba tristeza y melancolía. Sus cuerpos reflejan la luz tenue y apagada de los dominios de Hades y, en ocasiones, se les veía como guardianas de las almas errantes que aún no habían encontrado su lugar en el inframundo. Otras que también destacaban eran las «ninfas de las aguas del Estigia». Custodiaban este río, uno de los cinco que surcaban el inframundo, y su misión era guiar las almas de los muertos a través del curso de agua para que pudieran cruzar hacia su destino final; en algunos mitos, estas ninfas trabajaban como ayudantes del barquero Caronte en su labor de transportar a las ánimas al reino de Hades para que fueran juzgadas.

podían conducir a los seres humanos a la locura. Además, poseían un vínculo especial con los muertos, siendo capaces de comunicarse con sus almas, guiándolas en su camino hacia el más allá o arrastrándolas más profundamente hacia el reino de Hades. Tenían la capacidad de ver lo que existía tras la muerte, eran conscientes de los secretos del otro mundo y poseían conocimientos antiguos y oscuros que los mortales desconocían, como la visión de futuras reencarnaciones, los destinos de las almas perdidas o las tramas del destino de aquellos que atravesaban sus dominios. Su visión del mundo estaba filtrada por la muerte y la transformación, y su poder residía en su conexión con los ciclos eternos de la vida y la muerte.

Otro de sus poderes radicaba en la capacidad para convocar y controlar las fuerzas del inframundo y a las criaturas de la oscuridad, convirtiéndolas en sus servidoras, haciendo que obedecieran sus órdenes y les ayudaran en sus deseo. La magia de las lámpades era compleja y ambigua, como su propia naturaleza: tanto podían sanar a los mortales de enfermedades graves o maldiciones, como envenenar a quienes osasen desafiarlas.

Jueves: desprende una energía positiva que redunda en beneficio de la productividad y la eficacia. Es un día perfecto para hacer planes, realizar actividades financieras y crecer mental y espiritualmente.

Viernes: el influjo de su planeta dominante, Venus, fomenta el amor y la creatividad, por lo que será buen momento para tener citas románticas, reuniones sociales, avanzar proyectos y realizar actividades de ocio.

Sábado: es una jornada de equilibrio y organización, apropiada para poner al día todo lo que haya ido quedando pendiente a lo largo de la semana.

Domingo: el astro Sol ilumina este día y nos ayuda a recargar la energía interior, a crecer espiritualmente y cuidar de cuerpo y mente, sin agotamiento ni estrés.

OGROS
Criaturas peligrosas

· · · · · · · · · · · · · · ·

Simbología: maldad y codicia
Atributos: apariencia humanoide, gran talla, escasa inteligencia
Poderes: fuerza sobrehumana, capacidad de transformación

Monstruosos y temibles

Los ogros fueron criaturas míticas presentes en las mitologías, leyendas y cuentos de diferentes culturas. Se les describía generalmente como criaturas de aspecto repulsivo y apariencia humanoide, tanto de sexo masculino como femenino (ogresa), gran estatura, una cabeza desproporcionada con respecto al cuerpo, músculos muy desarrollados, cabellos largos y piel de un color inusual. Estaban dotados de finísimo olfato, extraordinaria fuerza física, pero corta inteligencia, y una insaciable codicia que les llevaba a acumular riquezas que escondían y nunca gastaban. Otra de las características que les distinguían era que se alimentaban principalmente de carne humana, y siempre que fuera posible de niños, que eran más pequeños y vulnerables.

Parece que su nombre procede de la palabra francesa *ogre*, que a su vez derivaría del latín *Orcus*, que era una terrorífica deidad del submundo. En la tradición medieval europea, los ogros habitaban en bosques oscuros o montañas remotas, y simbolizaban el peligro, el mal o la amenaza a la seguridad. En la mitología celta y germánica, se les consideraba unas criaturas primitivas y monstruosas, pero que no se alimentaban de carne humana, sino que se dedicaban al pillaje. Mientras que en la cultura musulmana, los ogros poseían además las cualidades de los vampiros. Seres similares a los ogros aparecen también en las mitologías prehispánicas americanas, como el *boraro* de la región amazónica, o los *itsö* de la zona caribeña de Costa Rica. Como puede comprobarse, aunque sus características varían según las diversas culturas, lo que siempre se ha mantenido relativamente constante es su esencia de ser amenazador y brutal.

Atributos mágicos

Sus poderes aparecen comúnmente asociados con la oscuridad, el peligro y la manipulación del entorno. Los ogros eran seres poderosos no solo por su fuerza física, que les permitía realizar hazañas imposibles para los humanos, atacarlos e intimidarlos, sino también por sus habilidades sobrenaturales, temibles y misteriosas, que les conectaban con las fuerzas del mal y el caos. Parece que también poseían la capacidad de transformarse en otras criaturas, como lobos o serpientes, para engañar a sus víctimas. Otra forma de interferir en las vidas de los seres humanos era invocando a fantasmas, monstruos o criaturas místicas, que formaban ejércitos de entidades oscuras que les seguían ciegamente y les ayudaban en sus propósitos maliciosos. Algunas historias aseguran que practicaban la magia negra, con capacidad para lanzar maldiciones, crear ilusiones o incluso controlar los elementos, como el fuego o el agua.

VARIEDADES DE INCIENSO PARA LOS RITUALES

El incienso se utiliza, sobre todo, en los rituales para alejar las energías negativas y en los de purificación del cuerpo, el espíritu y el entorno. El que usamos habitualmente es una mezcla de resinas de distintas plantas combinadas con diversos aromas.

Incienso de canela: desprende un aroma dulce y relajante que también tiene propiedades afrodisíacas.

Incienso de eucalipto: al quemarlo, su fragancia tiene un efecto refrescante, muy apropiado para purificar el aire en habitaciones ocupadas por enfermos.

Incienso de lavanda: tiene

propiedades relajantes y favorece el sueño en situaciones de estrés.

Incienso de limón: estimula los sentidos, purifica el aire y ayuda a combatir los estados de ansiedad.

SÚCUBOS
Diablesas seductoras

. . . .

Simbología: lujuria demoníaca

Atributos: mujeres seductoras, con alas, cabello negro o rojo

Poderes: seducción diabólica, absorción de energía vital

Seducción onírica

Al igual que los íncubos, los súcubos son seres mitológicos que pertenecen al ámbito de lo demoníaco y lo sobrenatural. Son la contrapartida femenina de los íncubos, es decir, demonios que tomaban la apariencia de mujeres muy atractivas para seducir a los hombres, sobre todo a los jóvenes y a los monjes, introduciéndose en sus sueños y fantasías para mantener relaciones carnales con ellos. El nombre de estos seres diabólicos deriva del término latino *succubare*, que significa «yacer debajo», una expresión que explica claramente las acciones que llevaban a cabo. A los súcubos se les representaba generalmente como mujeres extremadamente bellas y sensuales, con un atractivo sobrenatural, de cabello negro o rojo, y un par de alas, que se mostraban desnudas o con escasas y reveladoras vestiduras; en ocasiones, también llevan cuernos y una cola terminada en una estructura triangular. Igual que los íncubos, los súcubos eran criaturas muy temidas que interactuaban con los seres humanos, en el plano onírico, a través de la seducción sexual, y que simbolizaban los deseos reprimidos y las obsesiones eróticas o los peligros de ceder a los placeres carnales sin restricciones.

Habilidades satánicas

Los súcubos están asociados con la magia negra, la hechicería y la maldad, con los poderes oscuros y demoníacos, ya que eran criaturas al servicio del mal. Su principal finalidad era seducir y manipular a los hombres, hipnotizándolos y llevándolos a entregarse sin resistencia. La seducción no era solo física, sino que en ella también jugaban con los deseos y las pasiones más profun-

Sahumar es una práctica que consiste en quemar hierbas, resinas y maderas aromáticas para liberar sus propiedades a través del humo. En este caso, para atraer la positividad, se puede emplear palo santo, salvia, ruda, romero o yerba santa, entre otras.

das. Durante esos encuentros sexuales, estas criaturas absorbían la energía vital de los seducidos y se alimentaban de ella para hacerse más fuertes, usándolos como un medio para sustentar su existencia. Las víctimas quedaban agotadas e incluso podían llegar a morir por el desgaste extremo de su vitalidad. Para llevar a cabo esta tarea, los súcubos necesitaban poseer la capacidad de invadir los sueños y manipular los pensamientos y los deseos; así, estas entidades hacían que los afectados experimentasen sueños extremadamente vívidos, de naturaleza erótica, que los llevaban a la obsesión, no llegando a distinguir, en ocasiones, si la presencia del súcubo había sido real o se trataba de un sueño. Y es que otro de sus poderes era el de cambiar su apariencia para adaptarse a los deseos y las fantasías de sus víctimas, adoptando la apariencia de la mujer que más les atrayera; de este modo se aseguraban de que los hombres no podrían negarse a ceder a sus encantos.

Al igual que los íncubos los súcubos eran entidades inmortales con una longevidad sobrenatural, pudiendo existir durante siglos en una búsqueda constante de nuevas víctimas. En algunas mitologías transmitían enfermedades venéreas y maldiciones.

PROCEDIMIENTO

Paso 1: establecer la intención de este ritual visualizando la energía positiva que queremos atraer.

Paso 2: encender un extremo del sahumerio y dejar que la llama arda un poco antes de apagarla y que comience a desprender su humo aromático.

Paso 3: recorrer nuestro cuerpo con el sahumerio, concentrándonos en que el humo alcance cada rincón.

Paso 4: mientras el humo nos va purificando, recitamos en voz alta las intenciones de este ritual.

VAMPIROS
Los seres «no muertos»

Simbología: muerte, enfermedad

Atributos: ojos rojos, colmillos afilados, palidez extrema

Poderes: inmortalidad, regeneración, resistencia a enfermedades, cambio de forma

Relacionados con la magia negra

Los vampiros son una de las figuras más populares y fascinantes de la mitología, y también de las más aterradoras, ya que su principal característica es que se trata de seres que ya han fallecido, cadáveres que regresan todas las noches al mundo de los vivos porque tienen la necesidad de alimentarse de sangre humana o animal para conseguir energía, sobrevivir y perpetuar su estado. Son figuras complejas cuya esencia es producto de la combinación de varias supersticiones; por una parte, la antigua creencia de que la sangre es un vehículo de vida, y por otra, el miedo ancestral que los seres humanos de todas las épocas sienten hacia la muerte y los secretos terroríficos que se esconden tras ella.

Aunque la figura moderna de los vampiros, tal como los conocemos hoy, surgió principalmente de las tradiciones de Europa del Este en los siglos XVII y XVIII, especialmente en países como Rumania, Serbia y Bulgaria, su origen puede rastrearse en herencias culturales mucho más antiguas. Las primeras menciones de criaturas similares provienen de la Antigua Grecia, donde se creía en la existencia del brucolaco, una figura fantasmal que producía daños emocionales y psíquicos, aunque no era chupasangre. Los romanos pensaban que los espíritus de los muertos vagaban alrededor de sus cuerpos hasta que no se llevaban a cabo las ceremonias funerarias y, si estas no eran las adecuadas, esos espectros malignos se quedaban permanentemente en la tierra acosando a los vivos. En otras regiones se pensaba que quienes morían de forma violenta, los suicidas o aquellos que habían llevado vidas pecaminosas, no descansaban en paz y regresaban como vampiros para atormentar a los vivos, trayéndoles desgracias, hambrunas y devastadoras epidemias de peste y otras enfermedades.

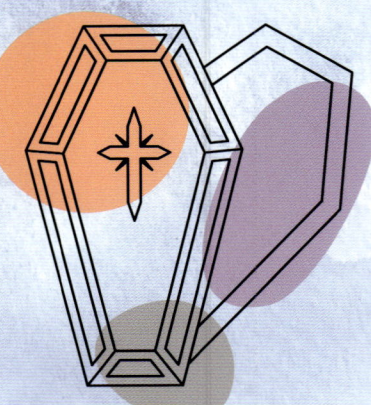

Rasgos inquietantes

A lo largo de los siglos, la apariencia y el carácter de los vampiros han sido interpretados de maneras muy diversas, pasando desde la personificación de criaturas malévolas y monstruosas hasta figuras más complejas y a veces incluso heroicas. Pero la imagen que se ha hecho más popular es la basada en la novela *Drácula*, de Bram Stoker, publicada en 1897. Este libro fue fundamental para moldear la imagen del vampiro moderno como una figura elegante, seductora y peligrosa, personificada en el personaje del Conde Drácula.

En las versiones más tradicionales, los vampiros son seres con una apariencia humana, aunque con ciertos rasgos inquietantes, como ojos de color rojo, colmillos largos y afilados, piel extremadamente blanca y cuerpo delgado. Su imagen no se refleja en los espejos y tampoco tienen sombra. En general, se considera que están dotados de una fuerza sobrehumana, lo que les permite realizar hazañas impresionantes, como levantar objetos pesados, destruir barreras y vencer a sus enemigos. También se mueven con increíble velocidad, pasando de un espacio a otro de manera casi instantánea o desplazándose con tal rapidez que parecen desvanecerse y desaparecer.

AMULETOS VEGETALES

Cuando hablamos de amuletos vegetales hacemos referencia a pequeñas bolsitas de tela rellenas de plantas y objetos simbólicos que tienen distintos efectos dependiendo del color del tejido y del hilo o la cinta con la que atemos el saco, y de las hierbas elegidas.

Atraer el amor: coser la bolsa con un círculo de tela rosa o roja y atarla con un hilo o una cinta azul; rellenarla con pétalos de rosa, flores de jazmín y acacia, lavanda y mirto; añadir un corazón de fieltro rojo y un anillo o una moneda de cobre.

Avivar el poder interior: usar un cuadrado de tela púrpura y un hilo azul para atar, y dibujar o bordar un símbolo personal en el exterior de la bolsa; colocar dentro hojas de roble y laurel, raíz de jalapa, bayas de acebo, flores de saúco y muérdago.

Curar el desamor: emplear un círculo de tela azul e hilo blanco para el atado; poner en su interior pétalos de rosas blancas, bálsamo de Judá, consuelda, mirto y un corazón de fieltro blanco cortado a la mitad.

Inmortalidad y otros atributos mágicos

Los poderes mágicos de los vampiros han sido un elemento esencial en su mitología, una pieza fundamental en la leyenda de estas criaturas fascinantes, poderosas y temidas, que pueden resultar tanto aterradoras como cautivadoras. Aunque los poderes atribuidos a los vampiros varían según la cultura que se considere, existen algunos rasgos comunes que se repiten en muchas tradiciones. El primero de ellos, y sin duda el más característico, es la inmortalidad: al tratarse de seres «no muertos», siempre conservan el mismo aspecto, nunca envejecen. Los vampiros ya no están sometidos a las leyes biológicas humanas y por eso no padecen enfermedades y se recuperan rápidamente de cualquier herida producida de forma natural o tras un ataque. Otro de sus poderes característicos, que en este caso comparten con las brujas, es su capacidad para cambiar de forma y transformarse en otras criaturas o en elementos naturales. Cuando se trata de criaturas, la forma más común es la de un murciélago, lo que les permite volar y moverse sigilosamente durante la noche, pero también son frecuentes las conversiones en lobos o en ratas. Si se trata de elementos naturales, lo más habitual es que adopten el aspecto de nubes de polvo, niebla o sombras.

Por último, otro de los poderes más fascinantes de los vampiros es su capacidad para dominar las mentes de los seres humanos. Este poder, llamado comúnmente como «hipnosis vampírica», es un magnífico aliado

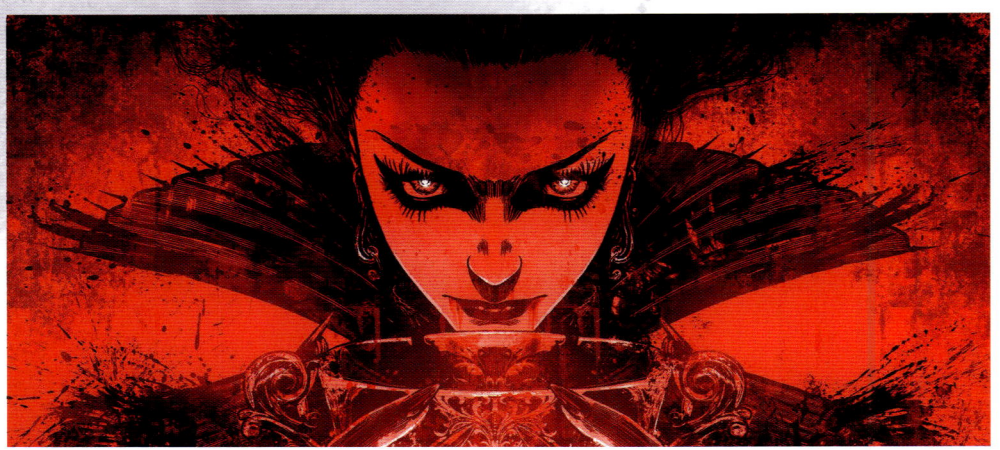

La condesa Elisabeth Báthory

Entre los personajes históricos que se han relacionado con el vampirismo se encuentra Elisabeth Báthory, apodada la «Condesa Sangrienta», una aristócrata húngara, cruel y despiadada, que practicaba la magia negra y se rodeaba de un séquito de brujas. Poseía una extrordinaria belleza y creía que solo podría conservarla si bebía y se bañaba en la sangre de doncellas vírgenes, a las que secuestraba, torturaba y desangraba. Se le atribuyen unas 650 muertes, lo que la convierte en la mayor asesina en serie de la historia. Fue juzgada y condenada a muerte por sus crímenes, en 1614.

que les permite manipular la voluntad de las personas, hacer que obedezcan ciegamente sus órdenes, borrar sus recuerdos o incluso sumirlas en un trance. A través de este control mental, los vampiros atraen a sus víctimas y las dejan vulnerables.

Cómo deshacerse de los vampiros

Aunque estas criaturas son muy poderosas, también tienen sus debilidades. La más común es su intolerancia a la exposición solar, pues sus rayos los debilitan y destruyen. Por eso pasan las horas diurnas en sus ataúdes y solo salen en busca de sus víctimas al caer la noche. Tampoco soportan la presencia de símbolos cristianos, como la cruz o el agua bendita, que les paraliza y les quema la piel. Aunque se muestran invulnerables a las armas tradicionales, como los cuchillos o las balas, excepto que estas sean de plata, sí son vulnerables a las estacas de madera y los clavos de hierro, que pueden acabar con ellos si se clavan en su corazón. Hay otras leyendas que afirman que también puede destruirse a los vampiros si se incinera el cuerpo completo o se les decapita y se entierra la cabeza junto a los pies o alejada del cuerpo.

Encontrar trabajo: hay que hacer el saquito con una cuadrado de tela verde y atarlo con hilo morado; llenarlo con laurel, romero, lavanda, salvia, tomillo, alfalfa y raíces de jalapa; agregar una moneda de plata y una foto de alguna herramienta usada habitualmente en el trabajo.

Ganar un juicio: emplear un cuadrado de tela azul y un atado de hilo morado; agregar laurel, verbena, raíces de jalapeño y la imagen de un ojo abierto (por la justicia, que todo lo ve).

Mejorar la forma de expresarse: usar para el saquito un círculo de tela amarilla y atarlo con hilo naranja o morado; llenar con avellana, valeriana, hinojo y mandrágora, y una moneda de plata.

Protección personal: coserlo con un círculo de tela azul y elegir hilo blanco o plateado para el atado; rellenar con albahaca, canela, hierbabuena, laurel, lavanda, romero, ruda, salvia y tomillo; introducir también una luna de plata o una moneda de ese metal.

ZOMBIS
Muertos resucitados

• • • • • • • • • • • • • • • •

Simbología: esclavitud malvada

Atributos: aspecto desfigurado y movimientos torpes

Poderes: residen en el hechicero vudú

Almas sin voluntad

Los zombis son seres muertos que, en lugar de descansar en paz, regresan a la vida por invocaciones de magia negra, convirtiéndose desde ese momento en esclavos de quien los ha resucitado y forzados a trabajar para ellos. Se trata de criaturas sin conciencia ni voluntad propia, generalmente con una apariencia humana, pero desfigurada y a menudo terrorífica, de movimientos lentos, torpes y notable rigidez. En la mayoría de las tradiciones se asegura que son caníbales y que su única motivación es consumir carne humana y atacar a las personas vivas para propagar la plaga que los transforme también en criaturas como ellos. Este concepto de los zombis tiene sus raíces en el folklore de diversas culturas, aunque la versión que conocemos hoy en día tiene sus orígenes en las creencias de Haití y el vudú. En la tradición vudú, los zombis son personas que han sido resucitadas mediante rituales mágicos y controladas por un *hougan* o *bokor* (hechicero) para usarlos como servidores fieles, sometidos por completo a su voluntad.

Una de las primeras narraciones sobre la existencia de los zombis se debe a William Buehler Seabrook, quien en su obra *La isla mágica* escribió sobre sus experiencias en Haití, contribuyendo a la difusión de la idea en el ámbito occidental. Más tarde, la escritora Zora Neale Hurston refirió el caso de una mujer haitiana fallecida y enterrada en 1907, que varias décadas después se aparecía convertida en zombi. Tanto esta estudiosa como otros autores que posteriormente se interesaron por este fenómeno, concluyeron que la existencia de los zombis era real, pero que no se trataba de muertos vivientes, sino de personas sometidas a un estado de muerte ficticia a través de drogas psicotrópicas y que después eran «resucitadas» por un hechicero que las mantenía en estado de anulación de voluntad. De todos modos, nada de esto se ha podido probar con rotundidad y la figura de los zombis ha continuado ganando popularidad.

Sus atributos en la magia del vudú

Más allá de su representación en la cultura popular moderna, los zombis son la base de la mitología en el contexto del vudú, donde la magia no solo controla el cuerpo, sino también la mente y el alma de la persona transformada. Los hechiceros vudús son quienes realmente ostentan los poderes. Ellos tienen la capacidad de resucitar a una persona y convertirla en un zombi mediante el uso de hierbas, brebajes y rituales específicos, que también les somete a un control absoluto. En este contexto, los zombis no tienen poder sobre sí mismos y viven en un estado de sumisión total. En algunas interpretaciones más modernas del mito, los zombis poseen cierta inmunidad a la muerte, una especie de resistencia mágica que hace posible que sigan moviéndose y actuando, aunque no son totalmente invulnerables y pueden ser destruidos si se aniquila su cuerpo. Por su ritual de creación, los zombis están conectados con los espíritus y las energías sobrenaturales, ya que los hechiceros vudú a menudo invocan a los espíritus de los muertos para que tomen posesión de los cuerpos resucitados.

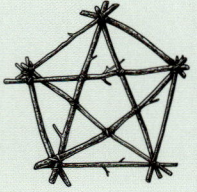

AMULETOS VEGETALES Y ZODIACO

Aries: bolsita roja con albahaca, flores de crisantemo y semillas de granada; colocarla al sol.

Tauro: bolsa marrón con verbena, pachuli y toronjil; enterrarla en una maceta.

Géminis: bolsa amarilla con salvia, tomillo y menta; colgarla en un lugar escondido.

Cáncer: bolsita celeste con jazmín y manzanilla; situarla en la cocina.

Leo: bolsa roja con clavel, laurel y canela; colocarla cerca de la puerta de casa.

Libra: bolsa amarilla con arroz, trébol y tomillo; rociarla con perfume.

Escorpión: bolsa azul con mirra, rosa y violeta; guardarla bajo la cama.

Sagitario: bolsa roja con enebro, tabaco y eneldo; colgarla al sol.

Capricornio: bolsa marrón con flores de artemisa y una espiga de trigo; pegar la imagen de una montaña y enterrarla en una maceta.

Acuario: bolsa amarilla con mejorana, semillas de anís y unas almendras; guardarla en un armario.

Piscis: bolsa morada con pétalos de gardenias, pensamientos y orquídeas; guardarla dentro de la almohada.

SERES FANTÁSTICOS

Multitud de mitos, leyendas y narrativas nos traen
la imagen de criaturas fantásticas dotadas de poderes
mágicos que no solo reflejan los miedos de los seres
humanos hacia lo desconocido, sino que también sirven
como símbolos universales de todos aquellos fenómenos
que nos resultan inexplicables o que parecen relacionados
con lo sobrenatural. La mayoría de estos seres, aunque han
surgido de la imaginación colectiva de culturas antiguas,
han conseguido llegar hasta nosotros y en la actualidad
aún continúan cautivándonos, pues tienen la habilidad
de mostrar de una forma muy palpable las infinitas
posibilidades que ofrece la magia.

Aunque nuestra mente racional intente convencernos
de que no existen las gorgonas, esos horrendos monstruos
femeninos con una cabellera hecha de serpientes,
ni que en las profundidades marinas habitan calamares
gigantescos y espantosos como el kraken, lo cierto es que
cuando nos acechan los miedos a todo lo que es misterioso
y oculto, cuando sentimos que nuestro ánimo se torna
intranquilo e inquieto sin saber muy bien el motivo,
nos volvemos a plantear: ¿se encontrará alguna de estas
criaturas fantásticas rondando por los alrededores?
Todo puede ser posible.

ARPÍAS
Un rastro de devastación

●●●●●●●●●●●●●●●●

Simbología: furia, caos, destrucción

Atributos: cabeza y torso de mujer, resto del cuerpo de ave de presa

Poderes: locura, caos mental, enfermedad, profecías de malos presagios

Los sabuesos de Zeus

Las arpías fueron criaturas de la mitología griega, descritas comúnmente como seres con el rostro y la parte superior del cuerpo de mujer, y alas, cola, patas y garras de ave de presa. En los primeros relatos se las representaba como mujeres aladas, jóvenes y hermosas, pero con el tiempo esa imagen se fue transformando hasta convertirse en los monstruos de apariencia aterradora que hoy conocemos y que son la representación del mal, la destrucción, la mala suerte y la desgracia. Según las leyendas mitológicas, las arpías eran las servidoras de Zeus, que se valía de ellas para castigar a los mortales que le habían ofendido o no habían mostrado el respeto que debían. Entonces, las arpías aparecían de la nada gracias a su capacidad de volar, atacaban a sus víctimas y les robaban la comida, ya que siempre tenían un hambre insaciable, dejando un rastro de suciedad, mal olor y excrementos, que traía enfermedades y plagas. Eran perseguidoras incansables, no había forma de escapar de ellas; cuando eran enviadas para atormentar a una persona, lo hacían durante toda su vida, llevando a su víctima a un destino ineludible. A menudo anunciaban su presencia con un grito aterrador, penetrante y de carácter hipnótico que atrapaba a quien lo escuchase en un estado de angustia y desesperación sin fin, un grito que causaba locura y anunciaba presagios de muerte.

En resumen, las arpías no solo representan el terror, la furia y el tormento, sino que también estaban asociadas con el robo de almas y la crueldad, con la ira descontrolada, el caos y la venganza, con un carácter de persecución imparable. Eran figuras temidas

y aterradoras, que en algunos casos también simbolizaban la idea de que no se puede escapar de la justicia o de las consecuencias que tienen cada uno de nuestros actos.

Poderes malignos

Dado que las arpías encarnaban la furia y el castigo divino, sus poderes eran tan variados como destructivos. Desde el control de los vientos hasta la manipulación psíquica, pasando por su habilidad para perseguir a sus víctimas sin descanso, estas criaturas eran casi invencibles. Aunque la naturaleza de estos poderes varía según las historias y las versiones de los mitos, hay ciertos aspectos comunes que se repiten. Por ejemplo, su ya mencionada capacidad para robar y arrebatar a los mortales la comida, los tesoros o incluso el alma, siempre como agentes del castigo divino y enviadas de los dioses. Otra de sus habilidades más representativas era el control de los vientos y las tormentas; cuando aparecían en un lugar se desataban las tempestades y se alzaban ráfagas violentas y destructivas que sembraban el caos a su paso. Parece que también tenían poderes proféticos, pero siempre para augurar males y desgracias, y sus palabras estaban imbuídas de odio y mentira. También eran capaces de controlar o manipular las mentes de quienes entraban en contacto con ellas, induciéndoles al miedo y la desesperación, dejándolos atrapados y desorientados y llevándolos a la locura o al caos mental.

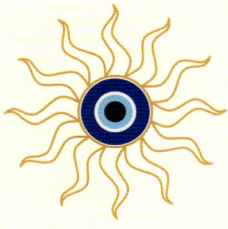

RITUAL DE PROTECCIÓN CONTRA LA ENVIDIA

El elemento principal de este sencillo ritual es el ajo, un vegetal que se ha empleado desde muy antiguo como amuleto por su gran poder protector; además, su energía actúa como un poderoso imán para atraer la abundancia y las experiencias positivas.

Materiales para el ritual:
un diente de ajo sin pelar, una cucharada de hojas de perejil y otra de hojas de menta, una cucharada de mirra, una bolsa o un pañuelo de lino blanco y una cuerda de color rojo.

PROCEDIMIENTO

Paso 1: introducir todos los materiales, excepto la cuerda, en la bolsa o el pañuelo blanco; remover suavemente el contenido para que se mezcle bien.

Paso 2: atar y cerrar la bolsa con el cordón rojo.

Paso 3: colgarla en la puerta principal de la casa, por dentro de la misma. Otra opción es llevar la bolsa siempre con nosotros en el bolso o en algún bolsillo de la ropa.

CERBERO
El guardián del inframundo

Simbología: infierno, miedo a la muerte

Atributos: perro con tres cabezas

Poderes: guarda y protección del inframundo

Temible y fiero

Cerbero, o Cancerbero como también se le conoce, fue un personaje mitológico de la antigua Grecia, un feroz y legendario perro que guardaba las puertas del inframundo, el Hades. Era hijo de Equidna, una ninfa monstruosa, y Tifón, una temible deidad primitiva relacionada con los huracanes. A Cerbero se le describía como un monstruo de gran tamaño, con tres cabezas que simbolizaban la vigilancia constante y sin descanso: Tretesta era la central, la que observaba al frente; Veltesta era la que miraba hacia la izquierda; y Drittesta la que se situaba a la derecha. A veces se le representaba dotado también de una cola de serpiente, mientras que en otras ocasiones, las serpientes se distribuían por su cuerpo, especialmente por el cuello y la espalda. Sus ojos destellaban fuego y poseía un oído muy agudo. En cuanto a su tarea, su cometido principal era como guardián era evitar que las almas de los muertos escaparan del Hades y, al mismo tiempo, que los vivos no pudieran ingresar en ese mundo oscuro sin permiso. Representaba una barrera impenetrable entre los dos mundos, subrayando de ese modo la idea de que nadie podía cruzar el umbral entre ambos sin enfrentarse a la muerte. Aunque habitualmente se le consideraba un animal poderoso y temible, en algunas leyendas mitológicas se sugería la posibilidad de poder apaciguarlo ofreciéndole dulces o melaza, lo que confirmaría una dualidad en su naturaleza, siendo tanto un monstruo temido como una criatura susceptible a las ofrendas.

Una de las historias más conocidas sobre Cerbero se relaciona con la doceava tarea de Hércules. El héroe mitológico debía capturar al temible can y llevarlo de vuelta a Euristeo, el rey de la Argólida. Hércules, tras aprender cómo podía entrar y salir vivo del inframundo, pidió al dios Hades que le permitiera llevarse al perro y este accedió con la condición de que debía vencerlo en un enfrentamiento con las manos desnudas, tarea que parece que logró envenenando a Cerbero con cicuta para debilitarle.

Poderes mágicos

Se le atribuyen habilidades que van más allá de su fuerza física y su naturaleza como un ser monstruoso. Puede ejercer una vigilancia sobrenatural, ya que sus tres cabezas le permiten permanecer siempre alerta y observar en diferentes direcciones al mismo tiempo, lo que hace casi imposible escapar o burlar su atención. Esta habilidad simboliza la omnipresencia de la muerte. Una extensión de su rol como guardián es la de protector de las puertas del Hades, asegurándose de que ningún alma escape y que los vivos no crucen su umbral sin autorización. Su capacidad para percibir la presencia de extraños es casi infalible, y su ladrido es capaz de matar o desatar el caos, aterrorizando a los muertos y causando temblores en la tierra para abrir portales al inframundo. Además, es inmune a hechizos y encantamientos mágicos lanzados por mortales o por dioses.

LA CEBOLLA Y CUATRO SENCILLOS RITUALES

Absorber la energía negativa: colocar una cebolla en la habitación donde sintamos que se acumulan malas energías y dejarla allí durante un tiempo.

Protección personal: frotar media cebolla sobre una vela negra y encenderla; mientras pensamos durante varios minutos en el mal que deseamos alejar de nosotros.

Purificación del exterior del hogar: enterrar dos cebollas en dos tiestos y colocar cada uno de ellos en una esquina de la casa; dejarlos en esa posición durante 24 horas y después desenterrar las cebollas y deshacerse de ellas alejándolas de nuestra casa.

Atraer el amor: frotar media cebolla sobre una vela roja y encenderla; mientras pensamos en obtener el amor. Apagar la vela y volver a repetir el proceso cada día hasta que se cumpla el deseo.

CÍCLOPES
Primitivos y salvajes

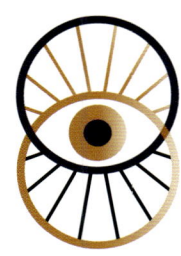

Simbología: poder, habilidad artesanal, salvajismo

Atributos: un único ojo en la frente

Poderes: visión mística, control de los elementos naturales

Una raza de gigantes

En la mitología griega, los cíclopes eran una raza de gigantes de imponente tamaño que se caracterizaban por tener un solo ojo en el centro de la frente, peculiaridad a la que hace referencia su nombre, que proviene de los términos griegos *kyklos* (círculo) y *ops* (ojo). Se decía que su mayor habilidad era la forja de los metales, principalmente para fabricar armas, una tarea en la que no tenían rival, y que sus fraguas estaban ocultas bajo tierra; cuando encendían sus hornos, se producían erupciones volcánicas, y al golpear en los yunques, la tierra temblaba en violentos terremotos.

En cuanto a su genealogía, se distinguieron tres generaciones de cíclopes. La primera de ellas es la mencionada en la obra *Teogonía*, de Hesíodo, en la que se les describe como gigantes de gran fuerza, terrible carácter, testarudos y con una notable habilidad como artesanos y constructores, que descendían de Urano, el dios primordial del cielo, y de Gea, la diosa tierra. En esta versión, los cíclopes eran tres: Brontes, que se convertiría en el padre de Palas Atenea, la diosa de la guerra, Estéropes y Arges. Como su padre Urano temía el enorme poder que ostentaban, los encerró en el Tártaro, un universo que se encontraba por debajo del inframundo, pero de allí los sacó su hermano Cronos y juntos lograron vencer a su padre. Una vez conseguida esa victoria, Cronos los volvió a encerrar hasta que Zeus los liberó. Como agradecimiento, estos tres cíclopes crearon los truenos, los relámpagos y los rayos, y se los regalaron a Zeus para que

los usase como armas; también forjaron el yelmo de Plutón, el tridente de Poseidón y el arco de Afrodita, y así se convirtieron en los artesanos de las divinidades. Esta generación de cíclopes fue asesinada por el dios Apolo como venganza, ya que Zeus había matado a uno de sus hijos con los rayos que ellos habían forjado.

Segunda y tercera generación

La cíclopes de la primera generación, aunque tenían muy mal carácter, eran unas criaturas laboriosas y muy hábiles en su trabajo, pero la siguiente generación fue muy diferente. Se trataba de unos seres primitivos y salvajes, antropófagos y peligrosos que habitaban en una isla remota, y habían nacido mágicamente de la sangre de Cronos. Vivían en cuevas y no poseían habilidades artesanales ni sabían nada de agricultura. El más célebre de todos ellos fue Polifemo, que perdió su único ojo al enfrentarse al mítico héroe Ulises.

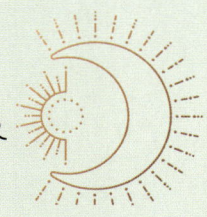

La tercera generación de cíclopes fue la constructora de las murallas ciclópeas de la Argólida, en la península griega del Peloponeso. Cuentan que la ayuda de estos cíclopes fue requerida por Preto, rey de Tirinto, para proteger sus dominios. Estos gigantes, sirviéndose de su extraordinaria fuerza para levantar enormes bloques de piedra y de una gran habilidad para pulirlos y encajar unos con otros sin usar argamasa, construyeron las monumentales murallas que hoy en día aún se pueden contemplar en Grecia.

Sus habilidades mágicas

Aunque los cíclopes no eran por sí mismos criaturas mágicas en el sentido tradicional, sí poseían capacidades sobrehumanas, habilidades y poderes extraordinarios que les otorgaban una conexión con las fuerzas primordiales y divinas. Ya hemos visto que una de sus habilidades más destacadas era la de forjar rayos y relámpagos, lo que habla del control mágico que tenían sobre los elementos naturales y también sobre los fenómenos climáticos. Se cree que mantenían una relación cercana con la tierra, una conexión mística con el suelo y las rocas, dado que eran hijos de Urano (el cielo) y Gea (la tierra); eran capaces de manipular y transformar el paisaje a su voluntad, moviendo grandes rocas o creando nuevas formaciones geológicas.

Por otro lado, su fuerza sobrehumana les hacía resistentes y casi invulnerable frente a los

Polifemo y la magia del destino

Uno de los relatos más conocidos sobre los cíclopes puede leerse en *La Odisea*, de Homero. En este famoso poema épico, el héroe Ulises y sus hombres llegan a una isla habitada por cíclopes, donde se encuentran con Polifemo, un gigante salvaje y terriblemente cruel que vive en una cueva. Este captura a Ulises y a sus compañeros, pero el héroe logra cegar a Polifemo clavándole una estaca en su único ojo. Luego, para escapar de su cautiverio, utiliza la astucia: se ata a sí mismo y a sus hombres al vientre de las ovejas del gigante; cuando este las va a sacar a pastar, palpa sus lomos para asegurarse de que no escapan sus prisioneros, pero al estar ciego, no se da cuenta del engaño. De este modo, todos logran liberarse y regresan a su barco para escapar de la isla.

ataques físicos, otorgándoles un dominio casi místico sobre su entorno. Y al igual que otras criaturas poderosas, los cíclopes eran considerados casi inmortales, con una longevidad extraordinaria. Por último, el hecho de que los cíclopes tuvieran un solo ojo en el centro de su frente les confería una visión única y les hacía capaces de percibir lo que otros seres no podían. Este ojo no solo les permitía ver más allá de los límites humanos, sino que también podría considerarse como un símbolo de visión trascendental y más profunda de los eventos del mundo o de la naturaleza.

En resumen, estos seres poseían varios poderes que los vinculaban con la magia en un sentido simbólico. Su fuerza, su habilidad para la forja y la construcción, su control sobre la tierra y su visión única los convertían en criaturas formidables y con un gran poder sobre los elementos naturales y el destino. Sin ser magos en el sentido tradicional, poseían habilidades casi sobrenaturales que les otorgaban un carácter mítico y misterioso. En la actualidad, los cíclopes son considerados como un símbolo de la naturaleza primitiva y brutal. Su único ojo parece representar la visión limitada a una perspectiva única, que a menudo es vista como un defecto frente a la complejidad y la sabiduría asociadas a la visión múltiple y variada. Finalmente, aunque ya hemos visto que se les asocia con la fuerza bruta, no hay que olvidar que también están relacionados con la creación.

PROCEDIMIENTO

Materiales: agua, un recipiente de cristal, luna llena.

Paso 1: en la preparación se puede emplear agua de lluvia, de una fuente o simplemente del grifo. Si el preparado se va a ingerir, es importante asegurarse de que el agua sea potable.

Paso 2: limpiar bien el recipiente de cristal antes de llenarlo de agua. Puede emplearse una botella, un frasco o cualquier otro envase, lo importante es que se pueda cerrar herméticamente

Paso 3: una vez lleno el recipiente de agua, colocarlo bajo la luz de la luna durante toda la noche. No importa si el cielo está nublado, la energía de la luna llegará hasta el agua. Recoger el recipiente antes del amanecer y guardarlo en un lugar resguardado de los rayos del sol.

ESFINGES
Conocimientos ocultos

Simbología: fuerza, poder de destrucción y mala suerte

Atributos: cuerpo de león, cabeza humana, algunas aladas

Poderes: conocimiento oculto, control del destino, protección de las almas

Dos orígenes, dos significados

Las esfinges son figuras mitológicas que en su apariencia combinan características humanas y animales. Generalmente, el cuerpo se asemeja al de un león, mientras que la cabeza puede ser igual que la de un hombre o una mujer. Estas criaturas desempeñaron un papel importante en diversas civilizaciones, pero en las que han tenido mayor peso fueron en la egipcia y en la griega, con diferentes simbologías en cada una de ellas.

En el Antiguo Egipto, las esfinges eran seres fabulosos que se representaban habitualmente con rostro de hombre, como señal de sabiduría y del dominio que los humanos tenían sobre los animales, y cuerpo de león recostado, como representación de fuerza y poder. Por eso eran un símbolo solar, del poder de la realeza e imagen del faraón, ya que la tarea de este era defender a su pueblo en combate, y custodiar las leyes para amparar a los justos y castigar a los malvados Pero las esfinges también simbolizaban la serenidad y la eternidad, la vida después de la muerte, por lo que se situaban a la entrada de los templos y en las tumbas como figuras guardianas y de protección. Se creía que ahuyentaban a los espíritus malignos y mantenían alejados a aquellos que intentaran profanar los santuarios. Su presencia simbolizaba la fuerza divina que velaba por los lugares de culto y por la preservación de la vida eterna. En estos casos, a menudo la cabeza humana de la esfinge se sustituía por la de un animal, habitualmente un carnero o un halcón.

Existen diversos métodos sencillos para protegernos contra las prácticas de magia negra, las energías negativas y las fuerzas oscuras que nos rodean y nos generan temor e incertidumbre.

Limpieza energética frecuente: hervir hierbas, como ruda, romero o perejil, en tres litros de agua y usar ese líquido para enjuagarnos después del baño. Realizar este ritual cada semana, preferiblemente los martes.

Ritual de protección diaria: antes de comenzar la jornada, buscar un lugar tranquilo, cerrar los ojos e imaginar que una luz blanca, benefactora y protectora, nos envuelve; permanecer unos minutos en ese estado meditativo.

Amuletos con piedras: elegir un cristal de color negro, como el ónix o la obsidiana, cargarlo energéticamente bajo la luz de la luna llena y llevarlo siempre encima.

Por otro lado, en la civilización de la antigua Grecia, la apariencia y el simbolismo de la esfinge fueron muy diferentes a las egipcias. En la mitología griega, la esfinge se representaba como una criatura con cuerpo de león, alas de águila y rostro y pechos de mujer. Era un ser aterrador, con los ojos como brasas ardientes y la boca llena de veneno, que recorría incansable los caminos en busca de viajeros a los que plantear un acertijo casi irresoluble y después devorarlos si no conseguían hallar la solución. Era un símbolo de mala suerte y destrucción, y una representación del orgullo ciego, el despotismo y la tiranía.

Como vemos, dos interpretaciones muy diferentes y opuestas, pues mientras que para los egipcios eran criaturas sabias, serenas y protectoras, que también simbolizaban el vínculo entre lo humano y lo divino, para los griegos representaban el misterio, la voracidad y el desafío. En lo que sí coinciden ambas versiones es en su gran carga simbólica, que ha perdurado a lo largo de la historia, y que refleja la fascinación humana por el misterio, el poder y la conexión entre lo humano y lo divino.

Habilidades de las esfinges

Como figuras míticas que son, las esfinges han sido asociadas con poderes mágicos y sobrenaturales, con habilidades que van más allá de lo físico y las han convertido en símbolos de sabiduría, enigma y, en algunos casos, en guardianas de secretos profundos y del conocimiento arcano oculto. Muchas leyendas se hacen eco de esta capacidad y muestran a las esfinges como representantes de la enigmática sabiduría del universo. Este poder mágico se entiende como una representación de la relación entre la humanidad y los misterios de la vida, el tiempo y la muerte. Según el mito griego, aquellos que eran capaces de resolver el enigma mostraban una evidente conexión con el poder divino o un entendimiento más profundo del cosmos. También en la tradición egipcia se creía que las esfinges poseían una conexión con la muerte y el más allá, pero en este caso era protegiendo las almas de los difuntos y evitando que fuerzas y espíritus malignos interfirieran en su viaje hacia el inframundo. Como tales guardianas, ostentaban un poder mágico sobre el destino y el más allá, asegurando que los muertos pudieran transitar hacia la vida eterna sin ser perturbados.

Similares a las esfinges

En la mitología existen otras criaturas fantásticas y poderosas que se asemejan a las esfinges. La más destacada es la mantícora, un ser híbrido con cabeza humana, cuerpo de león y cola de dragón o de escorpión, que según la mitología persa era una devoradora de hombres y simbolizaba la maldad, la tiranía y la opresión. En el hinduismo se menciona a Narasinja, una encarnación de Visnú que mostraba el rostro y las garras de un león asiático y el torso y la parte inferior del cuerpo de un hombre. Ya en América, en las culturas indígenas de Costa Rica y Panamá se describe a la Tulevieja, un personaje mitad mujer y mitad ave que, al igual que la esfinge griega, iría recorriendo los caminos sin descanso.

Baño ritual: llenamos una bañera con agua caliente y añadimos sal marina, alumbre y ruda; nos sumergimos en el agua, teniendo cuidado de que toque todo nuestro cuerpo y repetimos: «rompo toda cadena, soy libre».

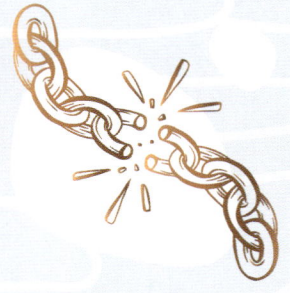

Además, algunos relatos sugieren que estas criaturas míticas poseían la habilidad de predecir el futuro o de controlar eventos relacionados con el destino humano, así como de maldecir o castigar. En el caso del mito griego, este poder mágico de la esfinge como agente de castigo subraya la relación entre el conocimiento y el peligro: quien no podía comprender el misterio de la vida y el universo caía bajo las consecuencias de su ira. Otra característica mágica de las esfinges, citada en diversas leyendas, era su habilidad para transformarse o cambiar de forma, una metamorfosis que no solo representaba el cambio físico, sino que también simbolizaba la capacidad de alterar las circunstancias y las realidades de aquellos que se cruzaban con ellas.

Por último, hay que mencionar que las esfinges también eran vistas como intermediarias entre el mundo terrenal y lo divino, un poder místico que las hacía dignas de adoración y reverencia, asociándolas con deidades que protegían a los vivos y los muertos. En definitiva, las esfinges fueron criaturas con una rica carga simbólica y mágica, que abarcaban el conocimiento oculto, la protección, el destino y la muerte. Aún en la actualidad, son figuras que, con su carga de misterio y magia, siguen fascinando y desafiando a quienes se atreven a adentrarse en sus enigmas.

Potenciar la intuición: colocar bajo la almohada una mezcla de romero y pétalos de rosa, e irlos renovando cada tres días. Repetir el ritual durante un mes para mejorar la intuición y evitar los ataques energéticos.

Protección del hogar: para esto existen varios sistemas; uno de ellos consiste en esparcir una mezcla de sal con pimienta en las ventanas y los accesos de la casa; también se pueden colocar ramos de romero o de ruda en las esquinas y las puertas.

Purificación de un espacio: encender incienso de sándalo, mirra o copal; cuando humeen, recorrer la habitación, o toda la casa, para que el humo ejerza su acción purificadora.

GORGONAS
Madres del terror

Simbología: terror, muerte

Atributos: serpientes en lugar de cabellos

Poderes: muerte y protección, maldiciones, control del destino

Horribles monstruos

Las gorgonas eran criaturas mitológicas de la antigua Grecia que tenían la capacidad de convertir en piedra a quien las mirase fijamente a los ojos. Su aspecto era monstruoso, con un rostro terrorífico de mujer, multitud de serpientes entrelazadas en lugar de cabellos, grandes bocas provistas de colmillos afilados, alas de oro y garras de bronce. Precisamente a esa apariencia hace alusión su nombre, que deriva del término griego *gorgo*, que significa horrible. Las gorgonas eran tres hermanas, Medusa, Esteno y Euríale, hijas de Forcis y Ceto, dos deidades primitivas que representan diversos aspectos del mar y relacionadas con los monstruos marinos.

Esta genealogía definía a las gorgonas como criaturas nacidas de la naturaleza primordial, asociadas con la oscuridad, el terror y el caos. Pero, al mismo tiempo, en torno a ellas se forjaron otras interpretaciones que las consideraban seres protectores y en la época clásica era habitual encontrar el símbolo del gorgoneion (la cabeza de una gorgona con una lengua bífida saliendo de su boca) en las puertas de las casas, en las tumbas, adornando escudos y empuñaduras de espadas, o en amuletos, pues existía la creencia de que su aspecto horrible y sobrecogedor podría espantar cualquier mal, amenaza o peligro, y proteger a los individuos y las ciudades de los malos presagios o de los enemigos. De este modo, vemos que a las gorgonas se les otorgó una naturaleza dual, pues se les veía tanto como representaciones de lo temible y lo incontrolable, a menudo asociadas con la muerte y la destrucción, como se les vinculaba con el simbolismo de la protección. Y esa simbología ha perdurado a lo largo de los siglos, pues las gorgonas han continuado siendo figuras poderosas en la cultura popular, representando tanto la amenaza como el misterio, lo desconocido y lo monstruoso.

Sus poderosas habilidades mágicas

Los poderes mágicos de las gorgonas reflejan su naturaleza ambigua y aterradora y eso las convierte en seres temidos y venerados al mismo tiempo. Desde la capacidad de petrificar a las personas con su mirada hasta la invulnerabilidad que las hace casi invencibles, estas criaturas encarnan el misterio, el caos y el peligro. A lo largo de la historia, han sido símbolos de poder y maldición, y su legado aún sigue vivo en la cultura popular como manifestación de todo lo incontrolable y lo primordial en el mundo. Las gorgonas eran seres inmortales (excepto Medusa), y eso las hacía invulnerables a cualquier ataque físico, ofreciéndoles una ventaja significativa sobre sus oponentes, ya que no podían ser derrotadas por medios convencionales. Su inmortalidad también refleja su conexión con fuerzas antiguas y sobrenaturales que no están sujetas a las leyes que conocemos sobre la vida y la muerte.

RITUAL PARA ENCONTRAR EL AMOR VERDADERO

No existe ninguna fórmula infalible para hallar a esa persona que colme todas nuestras aspiraciones sentimentales, pero sí es posible favorecer nuevos encuentros que satisfagan nuestros deseos.

Cuándo realizar el ritual: un viernes de luna nueva, entre las 22:00 y las 22:50 horas.

Imprescindible para que funcione: lo más importante para asegurar el éxito del ritual es ser sinceros con nosotros mismos y enfocar el pensamiento y la petición en lo que verdaderamente desea nuestro corazón.

Materiales: tres rosas rojas, un tarro pequeño de cristal con tapa, una piedra de color ámbar, un trozo fino de corteza e abedul recogido en luna nueva, miel y agua filtrada o de manantial, vinagre blanco.

Sin duda, su poder más famoso y temido era el de convertir a cualquier ser vivo en piedra y congelarlo instantáneamente con solo mirar a los ojos de esas criaturas. La única forma de salvarse de ese destino fatal consistía en proteger la mirada para no dirigirla directamente a sus rostros. Por supuesto, controlaban a las serpientes, que crecían en su cabeza en lugar de cabellos; estas serpientes eran venenosas y agresivas, asegurándose que incluso podían atacar por sí solas, sin que las gorgonas tuvieran que darles una orden explícita. Estos animales participan de la dualidad que se atribuye a las gorgonas, pues aunque en la mitología griega se les asocia con la muerte, lo venenoso y lo primordial, con su veneno también se elaboran remedios medicinales.

En algunos relatos, las gorgonas aparecían asociadas con la capacidad de maldecir a sus víctimas y transformarlas en criaturas monstruosas de forma permanente, condenándolas a vivir en ese estado, sin posibilidad

de redención. Por lo tanto, ostentaban el poder, no solo de causar daño directo, sino también de alterar la esencia de las personas. En otros mitos, la habilidad que se les atribuía era la de influir en el destino de los humanos que se cruzaban en su camino, alterándolo o controlándolo, lo que reflejaba la naturaleza impredecible y caótica de estos seres, quienes actuaban no solo como criaturas de destrucción, sino también como agentes del destino y el cambio.

Medusa, la «reina»

La más famosa del trío de gorgonas fue Medusa, la única mortal. Las historias clásicas cuentan que era sacerdotisa del templo de Atenea, y tan hermosa, que Poseidón, el dios del mar, se enamoró de ella. Pero Medusa le rechazó y el dios, enfadado, la violó sobre el altar de Atenea. Esta, indignada por la profanación, decidió castigar a su sacerdotisa y la transformó en una criatura monstruosa y terrorífica, con cabellera de serpientes. Pero ahí no terminó su venganza, ya que también le enfadaba que Medusa se hubiese jactado a menudo de ser más bella que la propia diosa. Por eso, ayudó a Perseo a acabar con la gorgona y a darle muerte cortándole la cabeza.

Más allá de sus capacidades físicas y sobrenaturales, las gorgonas también ejercían un poder mágico psicológico. El simple hecho de encontrarse con una de ellas, o incluso ver su imagen, provocaba un gran terror en aquellos que la observaban, dejándolos paralizados por el miedo e incapaces de reaccionar. Y es que las gorgonas, con su aspecto monstruoso y su aura de maldad, representan el terror absoluto, un poder que puede desorientar y destruir emocionalmente a cualquier ser humano. Además de sus poderes mágicos activos, estas criaturas también poseían un poder simbólico asociado con la protección y la advertencia; este simbolismo de protección hace que las gorgonas, en su forma mítica, equilibren en cierta medida sus poderes de destrucción con los de defensa.

PROCEDIMIENTO

Paso 1: limpiar el tarro de cristal con vinagre blanco y enjuagarlo con agua.

Paso 2: sujetar en la mano la piedra de color ámbar y concentrar la mente en nosotros mismos y en la sensación de sentirnos amados; pedir a la piedra que nos traiga el amor que deseamos.

Paso 3: colocar la piedra dentro del tarro de cristal; situar encima los pétalos de las rosas rojas y el trozo de corteza de abedul. Por último, añadir una cucharada de miel.

Paso 4: llenar el tarro hasta sus tres cuartas partes con agua filtrada o de manantial. Cerrar el tarro y agitarlo para activar las energías.

Paso 5: durante siete días seguidos coger el tarro entre las manos y agitarlo, mientras nuestra mente se vuelve a concentrar en el deseo de amor que hemos expresado.

QUIMERAS
Escupidoras de fuego

•••••••••••••

Simbología: irrealidad, imposibilidad
Atributos: monstruo con tres cabezas: león, cabra y serpiente
Poderes: fuego destructor, energía malvada

Monstruo fabuloso

La figura de la quimera es un legado que nos llega de la mitología griega clásica, que la describía como una criatura de aspecto monstruoso que vagaba por la región de Licia, en Asia Menor, aterrorizando a sus habitantes y devorando a los animales de los rebaños. Todas las historias la describían como un ser híbrido, compuesto por partes de diferentes animales, aunque estos variaban según las fuentes consultadas. Algunas aseguraban que tenía cabeza de león, cuerpo de cabra y cola de serpiente, mientras que otras la mostraban con la apariencia completa de un león, una cabeza de cabra que emergía de su espalda y otra cabeza de serpiente o de dragón que surgía en la cola. Descripciones posteriores sostenían que aún poseía una cuarta cabeza, en este caso de dragón, que emergía del lomo, junto a la de la cabra, y añadían un par de alas también de dragón. Pero en lo que todas las versiones coincidían era en asegurar que la quimera escupía fuego, que la cola desprendía una sustancia venenosa y corrosiva, y que se trataba de una criatura muy veloz. Todos estos atributos la convertían en una amenaza temible y en un ser casi invencible. En cuanto a su origen, la mitología citaba que era hija de Tifón y Equidna, dos monstruos primordiales considerados entre las criaturas mitológicas más temibles, aunque otras versiones la hacían hija de Tifón y la Hidra de Lerna, una gigantesca y letal serpiente de agua con múltiples cabezas. En resumen, la quimera era una criatura híbrida que representa el caos y el peligro, el poder destructivo y el terror.

Ya en la cultura moderna, el término «quimera» se ha adoptado con diferentes significados, todos ellos inspirados en la cualidad híbrida de ese animal mitológico. Así, en medicina y biología, se emplea para describir a organismos o seres compuestos de células procedentes de distintos individuos; y en el lenguaje general, para las fantasías irreales, para los anhelos y proyectos imposibles de conseguir y, en definitiva, para todo aquello que se propone como real sin serlo verdaderamente.

Habilidades mágicas de las quimeras

Las quimeras, en la mitología griega, eran unas criaturas temibles no solo por su apariencia monstruosa, sino especialmente por los poderes mágicos y sobrenaturales que se les atribuían y las convertían en seres formidables y peligrosos. Sin duda, su rasgo más sobresaliente era la capacidad para escupir fuego por la boca y utilizar el poder destructivo de este elemento para acabar con pueblos enteros,

RITUAL DE PROTECCIÓN CONTRA EL MAL DE OJO

El mal de ojo es la capacidad que tienen algunas personas de provocar daño, desgracias, enfermedades y, en general, cualquier mal tan solo empleando la mirada. Con el siguiente ritual podremos protegernos de él. Es importante que lo realicemos en luna menguante y nunca en luna llena.

PROCEDIMIENTO

Antes de empezar: situar los cuatro puntos cardinales de la habitación donde vayamos a realizar el ritual; esto puede hacerse con la brújula del teléfono móvil.

Paso 1: dibujar en el suelo un círculo de protección con sal o guijarros; hacerlo siguiendo el sentido de las agujas del reloj. Entrar en el círculo.

Paso 2: encender una varita de incienso y con ella en la mano, girar hacia el este, en el sentido de las agujas del reloj, para activar el círculo; detenerse en el este y dejar ahí el incienso.

arrasar campos, fulminar a los enemigos y generar un caos devastador a su paso. Esta capacidad ígnea, unida a la naturaleza híbrida que poseían las quimeras, las dotaba de una serie de habilidades asociadas a los animales de los que estaban compuestas: el león les otorgaba gran fuerza física, ferocidad, agilidad en el ataque y un carácter fuertemente territorial, lo que las hacía capaces de atacar con violencia desmedida; por su parte, la cabeza de cabra permitía que mordiesen al enemigo cuando no se acercaba de frente; y por último, la serpiente situada en la cola les permitía atacar con veneno y aumentar sus capacidades letales. Esta capacidad para confrontar a sus enemigos desde múltiples frentes, combinada con

su gran fuerza y velocidad, convertía a las quimeras en adversarias extremadamente difíciles de vencer. Además, como criaturas del caos y la destrucción, algunos relatos sugerían que también tenían el poder de alterar y desestabilizar su entorno para producir terremotos y crear desorden en la naturaleza.

En resumen, las quimeras eran unas de las criaturas más aterradoras de la mitología, símbolos del poder descontrolado y la destrucción, fuerzas mágicas de transformación y caos, capaces de trastocar el equilibrio entre los hombres, los dioses y la naturaleza, y también un reflejo de los miedos humanos ante lo desconocido y lo incontrolable.

Lucha entre inteligencia y maldad

La quimera fue derrotada por el héroe Belerofonte, quien llevó a cabo esta sorprendente gesta valiéndose de su ingenio. Cuando el rey de Licia le encargó matar a la quimera, el héroe consultó a un adivino, quien le aconsejó capturar antes al caballo alado Pegaso. Montado en él, Belerefonte intentó matar a la quimera disparándole flechas, pero ella las destruía con

sus llamaradas. Entonces, el héroe logró introducir su lanza en la boca de la fiera. Como la punta era de plomo, el metal comenzó a derretirse y la criatura murió abrasada por dentro. Este mito simboliza que no se puede enfrentar el horror empleando la fuerza bruta; solo con la inteligencia será posible superar el caos y la maldad.

Criaturas similares a las quimeras

La figura de la quimera ha dejado una profunda huella en diversas culturas, inspirando historias sobre la existencia de seres híbridos, pues este tema siempre ha fascinado al mezclar lo fantástico y lo monstruoso con lo sobrenatural. Por ejemplo, de Mesopotamia y el antiguo Egipto, y posteriormente también de Grecia y Roma, nos llegó la figura del grifo, una criatura híbrida con cabeza, alas y patas delanteras similares a las de un águila y la parte posterior del cuerpo como la de un león. Se trataba de una criatura poderosa y majestuosa, pero carente de la maldad y la peligrosidad de la quimera, ya que era un ser inteligente y noble, ligado a los dioses. Otro monstruo híbrido era la mantícora, destructora y devoradora de hombres, que se describía con cabeza de hombre, cuerpo de león y cola de escorpión. También la mitología china contó con sus propios monstruos híbridos, como los quilin, seres con cuerpo de león, piel de pez, patas terminadas en pezuñas y cuernos de ciervo. Todo un universo perturbador que representa la alteración del orden natural.

Paso 3: situarse mirando al sur y encender una vela; igual que antes, girar con ella hacia el sur, detenerse ahí y depositar la vela.

Paso 4: situarse mirando al oeste, tomar en las manos un cuenco con agua y caminar con él alrededor del círculo hasta llegar al oeste; depositar el cuenco.

Paso 5: tomar en las manos otro cuenco con agua y sal gruesa del Himalaya y girar hacia el norte, depositarlo ahí; ya ha terminado la activación del círculo protector.

Paso 6: bendecir el círculo para limpiarlo de malas energías e invocar a los espíritus. Coger un hatillo hecho con salvia, alcanfor y resina, encenderlo y esparcir el humo por encima de una piedra de protección para activarla.

Paso 7: para terminar, crear una puerta en el borde del círculo, que se cerrará al salir. Retirar todos los objetos que se hayan empleado.

ÍNDICE